Urs Winter-Pfändler

Nahe sein bis zuletzt

EDITION spi

Urs Winter-Pfändler

Nahe sein bis zuletzt

Ein Ratgeber für (pflegende)
Angehörige und Freunde

EDITION spi

Bibliografische Information der Deutschen Nationalbibliothek.
Die Deutsche Nationalbibliothek verzeichnet diese Publikation in der Deutschen Nationalbibliografie; detaillierte bibliografische Daten sind im Internet über www.dnb.de abrufbar.

ISBN: 978-3-906018-13-3
Urs Winter-Pfändler
Nahe sein bis zuletzt
Ein Ratgeber für (pflegende) Angehörige und Freunde

Der Inhalt dieses Ratgebers lehnt sich an folgende Publikation an: Hudson, P., & Hudson, R. (2012). Supporting a Person Who Needs Palliative Care. A Guide for Family and Friends. Publiziert durch Palliative Care Victoria, East Melbourne. VIC 3002, Australia. Peter Hudson erteilte die Erlaubnis, den australischen Ratgeber zu übersetzen und zu adaptieren.

Umschlagkonzept und Satz: Druckerei Lutz AG, Speicher, CH
Titelbild: www.pixabay.com
Übersetzung: Diren Cangöz, Osterode am Harz, D
Urs Winter-Pfändler, St.Gallen, CH
Druck und Bindung: Druckerei Lutz AG, Speicher, CH

Haftungsausschluss: Wie jede Wissenschaft entwickelt sich auch das Forschungsfeld Palliative Care ständig weiter. Trotz grösster Sorgfalt seitens des Autors sind alle Angaben ohne Gewähr.

eps eco-printing-system®
Chemie- und VOC-frei

FSC www.fsc.org MIX Papier aus verantwortungsvollen Quellen FSC® C011349

Inhalt

Vorwort

Wie gehen wir mit schwer kranken Menschen um? Mit Menschen, die zum Beispiel an Krebs oder Demenz leiden und vor ihrem Lebensende stehen? Das ist zugleich eine persönliche und eine gesellschaftliche Frage. Wir sind alle irgendwann im Leben damit konfrontiert, dass ein uns nahestehender Mensch unheilbar krank ist. Oft sind es Angehörige und Freunde, die diesen Menschen in der letzten Lebensphase pflegen und begleiten.

Diese Betreuung ist für den betroffenen Menschen sehr wichtig. Sie erlaubt ihm nicht selten, länger zu Hause in der gewohnten Umgebung zu leben und auch dort zu sterben. Diese Betreuung ist aber auch wichtig für unser Gesundheitswesen. Sie könnte durch professionelle Pflege gar nicht abgedeckt werden, dazu fehlen die personellen und finanziellen Ressourcen. Es ist deshalb entscheidend, dass die pflegenden Angehörigen gut unterstützt werden.

Der Bundesrat hat einen «Aktionsplan zur Unterstützung und Entlastung von pflegenden Angehörigen» beschlossen, damit diese sich langfristig engagieren können, ohne sich zu überfordern. Zusammen mit den Kantonen fördert er zudem die Verbreitung von Palliative Care in der Gesundheitsversorgung.

In unserer Gesellschaft mit immer mehr älteren Menschen muss Palliative Care gut verankert sein. Diese mindert das Leiden und erhöht die Lebensqualität. Der Ratgeber «Nahe sein bis zuletzt» bietet hier wertvolle, praxisnahe Hilfe – nicht zuletzt wie man selber zu sich Sorge trägt, wenn man sich intensiv um andere sorgt.

Alain Berset
Bundesrat, Vorsteher des Eidgenössischen Departements des Innern

Das Ziel des vorliegenden Ratgebers:

Unterstützung für Angehörige und Freunde

Dieser Ratgeber möchte Ihnen als Angehörige oder Freund bzw. Freundin eines schwer kranken Menschen helfen, diesen zu begleiten und zu unterstützen. Gleichzeitig möchte der Ratgeber Ihnen Anregungen geben, für sich selbst Sorge zu tragen.

Der Ratgeber gliedert sich in acht Kapitel:

1. Die Begleitung eines schwer kranken Menschen unterstützt durch Palliative Care
2. Selbstsorge – achtsam mit sich selbst
3. Die Betreuung zu Hause
4. Praktische Fragen der Pflege und Begleitung
5. Die Begleitung des nahestehenden, schwer kranken Menschen im Krankenhaus, im Alters- und Pflegeheim oder im Hospiz
6. Die letzten Dinge regeln: Patientenverfügung, Vorsorgeauftrag, Testament und Wünsche für die Beerdigung.
7. Die Begleitung unmittelbar vor dem Tod und die Zeit der Trauer
8. Wichtige Adressen

Sie müssen den Ratgeber nicht vom Anfang bis zum Ende lesen. Denn eines ist sicher: Sie brauchen nicht das ganze Buch «durchzuackern», bevor Sie gute (pflegende) Angehörige sind. Wählen Sie die Kapitel aus, die Sie besonders interessieren. Das Inhaltsverzeichnis am Anfang wird Ihnen dabei helfen. Am Ende jedes Kapitels werden die wichtigsten Punkte nochmals zusammengefasst.

Sie können diesen Ratgeber auch zusammen mit der von Ihnen begleiteten Person oder weiteren Angehörigen und Freunden lesen. Gibt es etwas, das Sie nicht verstehen oder benötigen Sie weitere Informationen, besprechen Sie dies bitte mit Ihrem Hausarzt oder einer anderen Fachperson.

Aus Platzgründen war es im vorliegenden Ratgeber nicht möglich, auf die zusätzlichen Bedürfnisse von einzelnen Patientengruppen einzugehen (z.B. schwer kranke Kinder und Jugendliche, Menschen mit einer Demenzerkrankung, Menschen mit einer intellektuellen Behinderung).

1 Die Begleitung eines schwer kranken Menschen unterstützt durch Palliative Care

Dieser Ratgeber richtet sich an die Menschen, die eine schwer kranke Person begleiten. Zu diesen zählen alle, die sich mit dem Patienten oder der Patientin verbunden fühlen und mit ihm oder ihr eng vertraut sind.

Wahrscheinlich würden Sie sich selbst nicht als «Bezugs- oder Begleitperson» oder als «pflegende Angehörige» bezeichnen, sondern als Ehepartner, Bruder, Schwester, Sohn, Tochter, Freundin eines Ihnen nahestehenden, schwer kranken Menschen. Wie Sie zur betroffenen Person stehen und wie Sie sich bezeichnen würden, ist völlig bedeutungslos. Viel wichtiger ist, dass Sie für Ihren schwer kranken Angehörigen da sind.

Der Zeitpunkt, an dem Sie beginnen, einen schwer kranken Menschen zu begleiten, variiert stark. Vielleicht waren Sie bereits vor der Krankheit eine zentrale Person im Leben des Betroffenen. Oder Sie traten aktiver in das Leben des nahestehenden Menschen ein, als Sie merkten, dass sich dessen Krankheitszustand verschlechtert. Eventuell fanden Sie sich plötzlich und ohne Vorwarnung in der Rolle der Begleitperson wieder.

Auch Ihre Beweggründe, diesen Menschen zu begleiten, können sehr unterschiedlich sein: Vielleicht tun Sie es, weil es Ihr Wunsch ist. Womöglich haben Sie das Gefühl, es tun zu müssen, weil andere es von Ihnen erwarten. Egal, wie Sie zu Ihrer Aufgabe gekommen sind, wichtig ist zu wissen: Sie sind nicht allein. Es gibt zahlreiche Personen und Organisationen, die Sie unterstützen können und Ihnen bei Fragen weiterhelfen. Unabhängig davon, ob der Bedarf nach Begleitung voraussehbar war oder überraschend kam, fühlen Sie sich vielleicht in der Situation belastet, hilflos oder überfordert, besorgt, wütend, ängstlich, niedergeschlagen oder verwirrt. Die Zukunft wird plötzlich ungewiss und Sie sind manchmal hoffnungslos oder ohnmächtig. Dies sind alles

ganz normale Reaktionen in einer äusserst aufwühlenden und verstörenden Zeit.
Wahrscheinlich haben Sie viele Fragen und Sorgen in Bezug auf die Unterstützung und Begleitung des Ihnen nahestehenden, schwer kranken Menschen. Nicht immer wird es klare Antworten geben. Schreiben Sie sich alle Ihre Fragen auf, damit Sie diese später Ihrem Hausarzt, jemandem aus dem Palliative-Care-Team oder einer weiteren Fachperson stellen können. Eine Angehörige schilderte ihre Erfahrung folgendermassen:

> *«Ich war anfangs überwältigt und verwirrt, aber das Palliativteam hat mir geholfen, die Situation klarer zu sehen.»*

Doch was ist eigentlich Palliative Care, an wen richtet sie sich und wer sind die Palliative Care-Spezialisten?

1.1 Was ist Palliative Care und an wen richtet sie sich?

Palliative Care (vom Lateinischen «pallium» = Mantel) ist ein Betreuungs- und Behandlungskonzept für Menschen mit einer lebensbedrohlichen unheilbaren und chronisch fortschreitenden Krankheit. Zu diesen gehören neben Krebskrankheiten beispielsweise auch Herzkrankheiten, Lungenkrankheiten, neuromuskuläre Erkrankungen, Nierenkrankheiten und Demenz. Manchmal liegen auch mehrere Erkrankungen gleichzeitig und/oder eine fortschreitende Gebrechlichkeit vor.
Gemäss der Weltgesundheitsorganisation WHO zielt die palliative Begleitung darauf ab, die Lebensqualität von Menschen mit unheilbaren Krankheiten zu erhalten bzw. zu fördern. Dies wird erreicht, indem der Mensch mit all seinen körperlichen und seelischen (psychischen) Beschwerden und mit seinen die Beziehungen betreffenden (sozialen), existentiellen und religiös-spirituellen Fragen in den Mittelpunkt gestellt wird.
Obwohl Menschen oftmals viele Jahre mit unheilbaren Krankheiten leben, kommt irgendwann eine Zeit, in der sie zusätzliche Unterstützung

bei der Bewältigung der Krankheitssituation benötigen. Die palliative Betreuung möchte in dieser Zeit für Patientinnen und Patienten und ihre Angehörigen da sein. Sie will ihnen helfen, die belastenden Symptome und Sorgen zu bewältigen, egal wie lang oder kurz die Krankheit dauert. Vorzugsweise kommt die palliative Betreuung bereits früh im Krankheitsverlauf, ergänzend zu kurativen (heilenden) Therapieformen, zum Tragen.

Wenn die Krankheit weiter voranschreitet und das Lebensende naht, soll der Tod gemäss dem Palliative-Care-Verständnis auf natürliche Weise eintreten, idealerweise ohne unerwünschte oder belastende Eingriffe. Egal wie lang oder kurz die Krankheit dauert, Palliative Care bietet Hilfe für alle Patientinnen und Patienten mit unheilbaren Krankheiten und den ihnen nahestehenden Menschen. Daher möchte Palliative Care auch Sie in Ihrer Rolle als Begleitperson (mit-)unterstützen.

Palliative Care hat zwei Wurzeln. Die erste Wurzel ist die mitmenschliche – hospizmässige: Es ist ein Gebot der Mitmenschlichkeit, die Würde des schwer kranken Menschen in unserer Gesellschaft hoch zu halten. Die zweite Wurzel ist die Verankerung im Gesundheitssystem – die medizinische und pflegerische. Sie beinhaltet die Behandlung und Linderung der körperlichen und seelischen Beschwerden nach allen Regeln der Kunst. Das Ziel ist immer die Leidensminderung und Verbesserung der Lebensqualität.

Palliative Care ist damit die aktive ganzheitliche Behandlung, Betreuung und Begleitung von unheilbar kranken und sterbenden Menschen. Sie umfasst

- eine gute Behandlung der körperlichen, seelischen, sozialen und spirituell-religiösen Beschwerden, Probleme und Anliegen;
- die Hilfe und Unterstützung der Patientinnen und Patienten, um gute Entscheidungen zu treffen;
- die Einbettung der Patientinnen und Patienten und von Ihnen als pflegende Angehörige in ein tragfähiges, verlässliches Netzwerk mit klaren Ansprechpartnern;

- Ihre Unterstützung und Begleitung, damit die Situation für Sie nicht zu belastend wird und Ihnen nicht über den Kopf wächst.

Viele Menschen haben eine falsche Vorstellung von Palliative Care. Daher ist es wichtig zu verstehen, was Palliative Care nicht ist. Palliative Care

- bedeutet *nicht* das Ende aller aktiven Behandlungen;
- beschränkt sich *nicht* auf die letzten Stunden oder Tage des Lebens;
- bedeutet *nicht* grundsätzlich den Entzug von Nahrung und Flüssigkeiten;
- ist *nicht* die Standardentscheidung, wenn alles fehlgeschlagen ist;
- ist *nicht* die Beschleunigung des Todes durch Medikamente;
- ist *nicht* die künstliche Verlängerung des Lebens;
- ist *nicht* an einen bestimmten Ort gebunden.

1.2 Wer sind die Ansprechpersonen in der Palliative Care?

Im Schweizerischen Gesundheitswesen haben unterdessen alle Pflegefachpersonen und Ärzte eine Grundausbildung in Palliative Care. Auch andere Berufspersonen erwerben mehr und mehr Kenntnisse in Palliative Care. Somit dürfen Sie annehmen, dass Ihr Hausarzt oder Ihre Pflegefachperson Grundkenntnisse der Palliative Care besitzen und Sie als erste Ansprechpersonen beraten und weitergehende Unterstützung anfordern können.

1.3 Wer sind die Palliative Care-Spezialisten?

In der Regel werden schwer kranke Menschen vom ambulanten oder stationären Pflege- und Betreuungspersonal oder über den Hausarzt bei einem Palliative Care-Spezialisten angemeldet. Dieser arbeitet meistens in einem Team. Diese Teams bestehen aus Personen, die sich auf die Behandlung, Betreuung und Begleitung von Menschen mit unheilbaren Krankheiten spezialisiert haben. Dazu gehören beispielsweise speziell ausgebildete Ärzte, Pflegefachpersonen, Seelsorgende,

Sozialarbeitende, Psychologen, Physiotherapeuten, andere Therapeuten (bspw. für Sprache oder Musik) und Ernährungsberatende.
Ebenso wichtig wie die Personen aus dem Gesundheits- und Sozialwesen sind die Freiwilligen in der Palliative Care. Diese engagieren sich in Besuchs-, Entlastungs- oder Hospizdiensten. Ihr Dienst ist kostenlos. Sie besuchen die Patientinnen und Patienten und ihre Angehörigen und schenken den Betroffenen Zeit und Gesellschaft. Sie lesen ihnen beispielsweise etwas vor, bieten Gespräche an oder sind einfach da (z.B. bei Nacht- oder Sitzwachen). Damit bringen sie Normalität in den von Krankheit geprägten Alltag. Freiwillige besuchen Patientinnen und Patienten auch, damit ihre Angehörigen Termine wahrnehmen oder ein paar Stunden Pause einlegen können. Das Angebot der einzelnen Hospiz-, Besuchs- und Entlastungsdienste variiert von Gruppe zu Gruppe und ihren Möglichkeiten.
Wenn Sie die Unterstützung eines Freiwilligen benötigen, wenden Sie sich bitte an Ihre Bezugsperson, d.h. an Ihren Hausarzt, einen Seelsorgenden oder eine Pflegefachperson. Sie können ein entsprechendes Angebot auch unter den wichtigen Adressen finden, die im Buchrücken aufgeführt sind.

1.4 Die wichtigsten Punkte aus Kapitel 1

- Palliative Care ist eine Behandlung und Betreuung für Patientinnen und Patienten und ihre Angehörigen mit einer schweren und unheilbaren Erkrankung.
- Palliative Care wird von einer Vielzahl unterschiedlicher Fachpersonen angeboten (z.B. von Ärzten, Pflegenden, Seelsorgenden, Psychologen, Sozialarbeitenden, Freiwilligen).
- Palliative Care beschränkt sich nicht auf die letzten Tage oder Stunden eines Lebens. Sie steht unheilbar kranken Menschen von Erkrankungsbeginn an zur Verfügung.
- Das Ziel von Palliative Care ist die Erhaltung bzw. Förderung der Lebensqualität.
- Freiwillige können auf verschiedene Arten helfen und die Angehörigen entlasten.
- Während der Begleitung erleben Sie als Angehörige wahrscheinlich ein «Auf und Ab» an positiven und negativen Gefühlen; das ist normal.
- Schreiben Sie Ihre Fragen auf; notieren Sie sich die Dinge, die Sie beunruhigen und besprechen Sie Ihre Anliegen mit der Fachperson Ihres Vertrauens.

2 Selbstsorge – achtsam mit sich selbst

2.1 Selbstsorge – ein wichtiger Bestandteil der Begleitung

Wo immer Sie eine Ihnen nahestehende, schwer kranke Person begleiten – sei dies zu Hause, im Krankenhaus, in einem Alters- oder Pflegeheim oder in einem Hospiz – in der Regel ist diese Aufgabe kräftezehrend und anspruchsvoll, wie das folgende Zitat illustriert:

> *«Es gibt freie Zeit, aber nur in Häppchen von zum Beispiel 30 Minuten hier, 30 Minuten da. Diese Zeit reicht aber nicht, um mich wirklich etwas anderem widmen zu können. Ich habe auch den Eindruck, ich könne das Haus nicht mehr verlassen oder ich habe Angst zu schlafen, aus Sorge, dass etwas passiert.»*

Tragen Sie Sorge zu sich und Ihren Kräften. Im zweiten Kapitel werden Ihnen dazu einige Vorschläge gemacht. Zudem werden mögliche Auswirkungen der Erkrankung auf Ihre Beziehung beschrieben.

2.2 Selbstsorge – wie geht das?

Nehmen Sie sich jeden Tag Zeit, um etwas für sich selbst zu tun. Ohne schlechtes Gewissen, dürfen Sie sich auch um sich selbst kümmern. Sie sind wichtig. Es kommt auch Ihrem schwer kranken Partner, Ihrem Freund oder Ihrer Ehefrau zugute, wenn Sie einigermassen bei Kräften sind. Geht es der pflegenden Person gut, fühlt sich auch die Patientin oder der Patient in Ihrer Umgebung wohler. Selbstsorge löst selbstverständlich nicht alle Probleme und Sorgen. Möglicherweise helfen Ihnen jedoch die folgenden Ratschläge, die Situation mit all ihren Herausforderungen besser zu bewältigen:

- Bewegen Sie sich und treiben Sie etwas Sport. Machen Sie einen täglichen Spaziergang oder einige Dehnungsübungen. Bewegung kann Ihnen helfen, neue Kraft und Energie zu tanken. Es gibt DVDs oder

Bücher, die Sie beim Bewegen anleiten können, wenn Sie das Haus nicht verlassen können. Probieren Sie aus, was Ihnen gut tut.

- Schlafen Sie genug. Viele Bezugspersonen haben Probleme mit dem Schlafen. Vermeiden Sie nach Möglichkeit, am Abend Kaffee und Alkohol zu trinken. Ein Kräutertee, ein warmes Bad oder entspannende Musik können helfen, zur Ruhe zu kommen. Wenn Sie nicht einschlafen können, bleiben Sie nicht stundenlang im Bett liegen. Stehen Sie lieber wieder für eine Weile auf, beschäftigen Sie sich mit etwas Beruhigendem und versuchen Sie dann wieder einzuschlafen. Wenn Ihre Nachtruhe gestört ist, legen Sie während des Tages immer wieder kurze Pausen ein. Die meisten von uns können für eine gewisse Zeit mit weniger Schlaf auskommen. Dauern die Einschlaf- oder Durchschlafprobleme an, sprechen Sie mit Ihrem Hausarzt darüber.
- Achten Sie auf eine gesunde Ernährung. Das ist nicht immer einfach, wenn der Ihnen nahestehende, schwer kranke Mensch seinen Appetit verloren hat. Sie selber brauchen jedoch Energie und Kraft. Daher achten Sie auf eine ausgewogene Ernährung und vergessen Sie auch nicht, sich ab und zu mit Leckereien zu verwöhnen.
- Tun Sie jeden Tag etwas nur für sich selbst. Machen Sie eine Liste von zehn Dingen, die Ihnen Freude bereiten. Widmen Sie sich jeden Tag mindestens einem davon. Manchmal haben Sie eventuell den Eindruck, auch ohne diese Zeit der Selbstsorge gut klarzukommen. Tun Sie sich trotzdem etwas zugute. Sie vermeiden damit von vornherein einen Teil des Stresses.
- Versuchen Sie so gut wie möglich in Kontakt mit Ihren Freunden und Bekannten zu bleiben.
- Je nachdem, was Ihnen Religion und Spiritualität bedeuten, finden Sie eventuell auch Kraft und Ruhe in religiösen Praktiken und Überzeugungen (z.B. im Gebet, der Meditation, durch das Lesen religiöser Texte, im Gespräch mit Seelsorgenden).
- Vielleicht hilft es Ihnen, möglichst aktiv mit Ihrem Verein, Ihrer Religionsgemeinschaft verbunden zu bleiben.

2.3 Die Hoffnung aufrechterhalten – auch in aussichtslosen Situationen?

Viele Bezugspersonen pendeln zwischen Hoffen und Bangen. Manchmal erscheint die Situation aussichts-, trost- oder sinnlos und das Schlimmste wird erwartet. In anderen Momenten gelingt es ihnen, die Situation anzunehmen, so wie sie ist. Einige Angehörige finden Sinn und Hoffnung in den kleinen, alltäglichen Dingen:

> *«Ich weiss, dass ich nicht auf Heilung für ihn hoffen kann, aber ich kann hoffen, dass er heute einen guten Tag hat.»*

> *«Ich hoffe, dass ich meinen Sinn für Humor behalte, auch wenn die Dinge ziemlich schlecht laufen.»*

> *«Ich hoffe, er weiss, dass ich hier bin, auch wenn er nicht sprechen kann.»*

2.4 Hilfe annehmen

Einige Angehörige nehmen für sich keine Hilfe in Anspruch. Sie sehen nur den ihnen nahestehenden, schwer kranken Menschen und wollen auch die Fachleute des Pflege- und Betreuungsteams nicht zusätzlich mit ihren eigenen Sorgen und Problemen belasten. Denken Sie daran: Sie können auf Dauer nur Hilfe und Begleitung anbieten, wenn Sie Sorge zu sich selber tragen und es Ihnen einigermassen gut geht. Zögern Sie daher nicht, Hilfe für sich selbst in Anspruch zu nehmen und um Unterstützung zu bitten. Um Hilfe zu bitten bedeutet nicht, dass Sie versagt haben oder etwas nicht schaffen; es bedeutet vielmehr, dass Sie weise und bedacht sind und auf Ihre Gefühle und Grenzen achten. Nehmen Sie Angebote von Verwandten und Freunden an, die bereit sind, Sie zu unterstützen! Halten Sie eine Liste von Aufgaben bereit, die andere Menschen für Sie tun könnten, wie zum Beispiel eine Mahlzeit zuzubereiten, mit der kranken Person zu einem Termin zu gehen, einen Einkaufsbummel zu machen, zu telefonieren oder Nachrichten entgegenzunehmen. Eine solche Liste können Sie dann zu Rate ziehen, wenn Ihnen jemand Hilfe anbietet.

2.5 Rundtischgespräche

Ein Rundtischgespräch kann vom Pflege- und Betreuungsteam organisiert werden, um die Pflege und Betreuung und die verschiedensten Hilfsmöglichkeiten zu koordinieren. Auch die kranke Person nimmt daran teil, wenn es ihre Kräfte zulassen. Sie als Angehörige sowie weitere wichtige Bezugspersonen und die Fachleute des Pflege- und Betreuungsteams werden zum Rundtischgespräch eingeladen. Gemeinsam werden vorausschauend die nächsten Schritte, Ziele und Massnahmen der Betreuung und Pflege besprochen und in einem Betreuungsplan festgehalten. Dabei werden sowohl die Bedürfnisse des Patienten bzw. der Patientin als auch Ihre eigenen berücksichtigt. Es wird beschrieben, welche Massnahmen bei welchen Beschwerden vorzunehmen sind (z.B. bei Schmerzen, psychischen Problemen, Übelkeit). Im Dokument werden bei Bedarf auch die Adressen des Hausarztes, der Spitalärzte und weiterer wichtiger Betreuungspersonen aufgeführt. Damit wissen Sie, was im Notfall zu tun ist und an wen Sie sich wenden können. Der Betreuungsplan wird regelmässig vom Pflege- und Betreuungsteam überprüft und gegebenenfalls adaptiert. Er hilft allen Beteiligten, auf Kurs zu bleiben.

2.6 Den Spagat zwischen allen Anforderungen meistern

An manchen Abenden merken Sie, dass Sie sich den ganzen Tag nur um den Ihnen nahestehenden Menschen gekümmert haben und alles andere stehen und liegen lassen mussten. Gleichzeitig spüren Sie vielleicht, dass noch andere Aufgaben auf Sie warten und es schwierig ist, allen Ansprüchen gerecht zu werden (z.B. Ansprüche Ihrer Kinder, Ihres Arbeitgebers etc.). Es wird immer wieder Momente geben, in denen Ihnen alles über den Kopf wächst. Vielleicht helfen Ihnen folgende Vorschläge, mit der Fülle an Herausforderungen besser umzugehen:

- Setzen Sie Schwerpunkte und unterscheiden Sie zwischen wichtigen und weniger wichtigen Aufgaben. Machen Sie dazu eine Liste mit allen Aufgaben und Anforderungen und unterscheiden Sie zwischen «muss», «wenn möglich» und «bei Gelegenheit». Beginnen Sie mit den dringlichen und notwendigen Aufgaben. Sie können auch eine Liste für die kommenden Tage anfertigen. Sie sollte allerdings nicht zu lang werden und denken Sie daran: Es ist völlig in Ordnung, wenn Sie abends das Ende der Liste nicht erreicht haben. Erinnern Sie sich lieber an all die Dinge, die Sie erreicht haben, anstatt an die Dinge, die noch unerledigt auf Sie warten.
- Gehen Sie einen Tag nach dem anderen an. Selbstverständlich ist es auch notwendig, hin und wieder langfristig zu planen und Zukunftspläne zu schmieden. Versuchen Sie aber gleichzeitig, im «Hier und Jetzt» zu leben und einen Tag nach dem anderen anzugehen.
- Machen Sie Notizen, z.B. mit Hilfe eines Heftes. Es hilft Ihnen, den Überblick zu behalten, und ist eine Erinnerungsstütze, wenn Sie dem Betreuungsteam etwas ausführlicher erläutern möchten.
- Bewahren Sie alle schriftlichen Informationen über den Ihnen nahestehenden, schwer kranken Menschen an einem Ort auf. Legen Sie dort z.B. Medikamente, Tabellen, Informationen des Betreuungsteams, nützliche Telefonnummern und diesen Ratgeber ab.
- Schalten Sie an Ihrem Telefon den Anrufbeantworter ein. Sie müssen dann nicht selbst zum Telefon rennen, wenn Sie beschäftigt sind oder Zeit für sich selbst nehmen möchten. Ein Anrufbeantworter hilft Ihnen auch, ungestört Zeit mit dem von Ihnen begleiteten Menschen zu verbringen, beispielsweise für eine ruhige Mahlzeit, oder um sich etwas Zeit zu gönnen, wenn Sie mit niemandem sprechen möchten.
- Nutzen Sie ein Mobiltelefon. Sie können das Haus verlassen, im Wissen, dass man Sie jederzeit erreichen kann.
- Machen Sie eine Liste der Freunde und Verwandten, von denen Sie wissen, dass Sie diese um Hilfe bitten können. Wenn Sie für einen bestimmten Zeitpunkt niemanden finden, sprechen Sie mit dem Be-

treuungsteam über die Möglichkeit, Freiwillige zur Unterstützung beizuziehen. Evtl. kann Ihnen auch ein Sozialarbeiter weiterhelfen und hilfreiche Kontakte zu Unterstützungsangeboten vermitteln.

- Bitten Sie hin und wieder einen Freund oder Verwandten, über Nacht zu bleiben. Eventuell hilft dies, dass Sie besser ein- oder durchschlafen können. Auch die Ablenkung oder das Gespräch wird Ihnen guttun.
- Organisieren Sie sich jemanden, der die Hausarbeit macht (es sei denn, Sie finden diese Arbeiten entspannend). Nutzen Sie die Angebote der Pro Senectute, des Schweizerischen Roten Kreuzes, von privaten Anbietern oder bitten Sie Freunde, Bekannte oder Verwandte um Hilfe.
- Fragen Sie bei Ihren Verwandten, Bekannten oder Freunden nach, ob sie Ihnen Fertiggerichte (Suppen, Aufläufe etc.) vorbereiten könnten. Ist das nicht möglich, ziehen Sie auch einen Mahlzeitendienst in Betracht.
- Bitten Sie einen Ihrer Verwandten oder eine Freundin, Telefonanrufe von Menschen entgegenzunehmen. Erkundigen sich Aussenstehende nach dem Gesundheitszustand des Ihnen nahestehenden, schwer kranken Menschen, so bleibt es Ihnen erspart, die gleiche Geschichte wieder und wieder erzählen zu müssen.
- Schicken Sie Freunden und Familienangehörigen regelmässig E-Mails, um sie auf dem Laufenden zu halten. Damit stellen Sie sicher, dass alle relevanten Menschen Bescheid wissen, und Sie ersparen sich viele Anrufe.
- Droht Sie der Spagat zwischen der Betreuung und Ihrer Erwerbsarbeit zu überfordern, besprechen Sie die Situation mit Ihrem Arbeitgeber. Eventuell gibt es Möglichkeiten eines Sonderurlaubs oder man räumt Ihnen mehr Flexibilität bei der Erfüllung Ihrer Aufgaben ein.
- Achten Sie auf die Anzahl der Besucher. Je nachdem, wie viel Kraft Sie oder die von Ihnen betreute Person haben, können Sie die An-

zahl der Besuche einschränken. Bringen Sie beispielsweise einen Hinweis an der Haustür an, wenn die betreute Person schläft. Falls nötig, bitten Sie Ihre Bekannten, sich vor dem Besuch telefonisch anzumelden. Zudem kann es sinnvoll sein, Besuchszeiten einzurichten, um einen konstanten Besucherstrom einzugrenzen. Seien Sie nicht immer der Gastgeber. Bitten Sie andere, eine Tasse Tee oder einen Kaffee für Sie oder andere zu machen.

- Wenn es mehr als eine Bezugs- und Pflegeperson gibt: Versuchen Sie, sich gegenseitig in der Begleitung abzusprechen. Organisieren Sie ein Treffen mit allen Familienangehörigen und Freunden, welche bereit sind, bei der Betreuung und Pflege mitzuhelfen. Wer möchte was am liebsten für den ihm nahestehenden Menschen tun? Manche scheuen sich vor der körperlichen Pflege und möchten lieber emotionale Unterstützung oder praktische Aufgaben (z.B. Administration, Einkäufe, Haushalt) anbieten. Eine andere Person möchte vielleicht die Koordination mit dem professionellen Betreuungsteam übernehmen.
- Belohnen Sie sich regelmässig. Machen Sie Pausen, essen Sie etwas Gutes, tun Sie sich selbst etwas zuliebe. Und vergessen Sie nicht: Wenn es nicht mehr weitergeht, dann gibt es Hilfe von aussen (siehe die nützlichen Adressen in Kapitel 8).
- Holen Sie sich Unterstützung bei finanziellen und administrativen Angelegenheiten, Fragen zur Krankenkasse, Ergänzungsleistungen, AHV/IV etc. zum Beispiel beim Sozialdienst der Gemeinde, der Pro Senectute oder Pro Infirmis (zur IV).
- Wichtig: Vergessen Sie nicht: Auch auf Ihre Gesundheit gilt es Rücksicht zu nehmen. Tragen Sie Sorge dazu. Wenn Sie durch Ihr Engagement als Angehörige einen persönlichen Arzttermin absagen müssen, vereinbaren Sie unbedingt gleichzeitig einen neuen.
- Wenn Sie unerwartet und ganz plötzlich ins Spital eintreten müssen und Sie niemanden finden, der sich um die von Ihnen betreute Person kümmern kann, fragen Sie beim Spital nach, in dem Sie behandelt

werden. Eventuell gibt es die Möglichkeit, dass die betreute Person mit Ihnen ins Spital eintreten kann, bis sich eine andere Möglichkeit der Betreuung organisieren lässt.

2.7 Fühlen Sie sich überfordert? Dann ist es Zeit, zur Ruhe zu kommen und sich zu entspannen!

Jede Person reagiert anders in Situationen, in denen ein ihr nahestehender Mensch schwer erkrankt. Vielleicht fühlen Sie sich erschöpft, überlastet, ängstlich, niedergeschlagen, wütend, traurig, mürrisch, schuldig oder verwirrt. Bitte versuchen Sie, sich diese Gefühle nicht vorzuwerfen; sie sind in der gegebenen Situation völlig normal. Versuchen Sie auch nicht, die Gefühle zu verdrängen.
Einige Menschen spüren die Belastung auch körperlich; sie werden sehr müde oder bekommen häufiger Kopfschmerzen. Jeder Mensch wird mit Stress auf unterschiedliche Weise fertig.

Hier sind einige Ratschläge, die Ihnen helfen können:

- Unternehmen Sie in den nächsten Stunden etwas, das Ihnen Spass und Freude bereitet.
- Teilen Sie Ihre Gefühle jemandem mit, dem Sie vertrauen, anstatt alles mit sich selbst auszumachen. Das kann ein Familienmitglied, ein Freund, eine Seelsorgerin oder jemand vom Behandlungs- und Betreuungsteam sein.
- Versuchen Sie, der Situation auch etwas Positives abzugewinnen.
- Planen Sie innerhalb der nächsten Tage eine Belohnung für sich für all die harte Arbeit, die Sie derzeit leisten.
- Versuchen Sie, die Hoffnung nicht zu verlieren – auch für Schwerkranke und ihr Umfeld gibt es immer wieder gute und hoffnungsvolle Momente.
- Denken Sie an etwas Erfreuliches oder Positives, das Sie erlebt oder gehört haben.
- Hören Sie sich eine Entspannungs-CD an.

- Erinnern Sie sich immer wieder an Folgendes:
  - Sie geben Ihr Bestes.
  - Es wird eine Lösung für die bestehenden Probleme geben, auch wenn Sie sie gerade nicht sehen können.
  - Sie sind nicht allein!
  - Ihre Gefühle sind normal.
  - Es gibt Hilfen, die Ihnen zur Verfügung stehen.
  - Es wird Ihnen wieder besser gehen.
- Versuchen Sie, sich mit der Übung «10 Schritte zur Beruhigung» zu entspannen:
  - Gehen Sie an einen Ort, wo Sie für mindestens 20 Minuten Ruhe haben und ungestört sind.
  - Atmen Sie 10-mal tief ein und aus.
  - Legen Sie sich auf den Boden. Möglicherweise müssen Sie etwas Weiches als bequeme Unterlage organisieren.
  - Lockern Sie Ihre Kleidung und ziehen Sie Ihre Schuhe aus.
  - Schliessen Sie Ihre Augen.
  - Atmen Sie tief ein und langsam aus.
  - Spannen Sie alle Muskeln in Ihrem Körper an, zählen Sie bis fünf und lockern Sie sie dann langsam. Wiederholen Sie dies 3-mal.
  - Fangen Sie mit dem Anspannen am Kopf an und arbeiten Sie sich bis zu den Zehen vor. Lassen Sie sich Zeit.
  - Halten Sie die Augen geschlossen und stellen Sie sich einen realen Ort oder einen Ort Ihrer Phantasie vor, an dem es Ihnen wohl ist. Stellen Sie sich an diesem Ort angenehme Geräusche und eine schöne Aussicht vor. Verweilen Sie an diesem Ort, bis Sie bereit sind, in das Hier und Jetzt zurückzukehren.
  - Zählen Sie langsam von 1 bis 10 und öffnen Sie dann Ihre Augen. Wenn Sie so weit sind, stehen Sie langsam auf.

Führen Sie diese Übung durch, so oft Sie wollen. Mit der Zeit wird es für Sie einfacher, sich zu entspannen. Vielleicht helfen Ihnen auch Aroma-

therapien (mit speziellen Duftölen) oder entspannende Musik, um die Umgebung noch beruhigender zu gestalten.
Sind Sie über eine längere Zeit erschöpft, ängstlich oder traurig, empfiehlt es sich, mit dem Pflege- und Betreuungsteam darüber zu sprechen. Es kann sein, dass Sie zusätzliche professionelle Unterstützung benötigen.

2.8 Pausen und Auszeiten machen

Sie können zur Überzeugung kommen, dass Sie eine Auszeit benötigen. Das ist gut und sinnvoll, denn die Begleitung des Ihnen nahestehenden, schwer kranken Menschen ist eine anstrengende und anspruchsvolle Aufgabe und regelmässige kurze «Auszeiten» oder Pausen sind sehr zu empfehlen. Wenn Sie eine Pause einlegen, bedeutet das nicht, dass Sie Ihrer Betreuungsaufgabe nicht gewachsen sind oder in dieser Rolle versagen. Und es bedeutet auch nicht, dass Sie sich nicht mehr um den Ihnen nahestehenden Menschen kümmern können oder dass er Ihnen nicht mehr am Herzen liegt. Wenn Sie sich regelmässig Pausen gönnen, zeigt dies vielmehr, dass Sie versuchen, vernünftig mit Ihren Kräften zu haushalten. Eventuell können folgende Überlegungen Ihre Planung der Auszeiten unterstützen:

- Wenden Sie sich an einen Freiwilligen- oder Entlastungsdienst. Dieser kann einen freiwilligen Helfer oder eine Helferin organisieren, der oder die sich um den von Ihnen betreuten Menschen kümmert, während Sie ausgehen und etwas tun, das Ihnen Spass und Freude bereitet. Dies kann in regelmässigen Abständen geschehen, so dass Sie wiederkehrend zu Ihren Auszeiten kommen. Sie können auch einen Freund oder ein Familienmitglied bitten, für Sie einzuspringen.
- Einige Institutionen bieten auch Tages- und Nachtstrukturen an. Die kranke Person verbringt dann tagsüber einige Stunden oder die Nacht hindurch in der Institution und wird dort betreut. Auch dies kann für die Angehörigen eine grosse Entlastung darstellen.

- Vielleicht kommen Sie zum Schluss, dass Sie eine längere Auszeit von einigen Tagen oder Wochen benötigen. Besprechen Sie die Situation mit Ihrem Pflege- und Betreuungsteam. Ist die betreute Person einverstanden, könnte sie diese Zeit in einem Spital, einem Alters- und Pflegeheim oder einer anderen Einrichtung verbringen. Der stationäre Aufenthalt bietet den Fachpersonen vor Ort gleichzeitig die Gelegenheit, die Symptome der Krankheit zu evaluieren und gegebenenfalls die Medikamente anzupassen.

2.9 Die wichtigsten Punkte aus Kapitel 2

- Nehmen Sie sich jeden Tag etwas Zeit für sich selbst. Bitte haben Sie kein schlechtes Gewissen, sich um sich selbst zu kümmern. Es wird Ihnen helfen, die Begleitung langfristig zu meistern.
- Achten Sie auf genügend Schlaf.
- Treiben Sie regelmässig Sport.
- Ernähren Sie sich gesund.
- Nehmen Sie Hilfe von anderen an; Sie haben es verdient!
- Die Betreuung eines schwer kranken Menschen ist mit einer Fülle von Aufgaben und Herausforderungen verbunden. Aufgabenlisten können im Alltag bei ihrer Bewältigung helfen.
- Ein Rundtischgespräch kann bei der Planung der Betreuung und Pflege helfen.
- Pflegen Sie Ihre Beziehungen sowohl zum schwer kranken Menschen als auch zu weiteren Personen.
- Akzeptieren Sie bei praktischen Aufgaben Hilfe, die Sie entlasten kann.
- Führen Sie mehrmals pro Woche Entspannungsübungen durch.
- Machen Sie regelmässig Pausen: Bitten Sie einen Freund oder Freiwilligen, während dieser Zeit bei der kranken Person zu bleiben, während Sie etwas für sich selbst tun.
- Wenn Sie sich überfordert fühlen, sprechen Sie mit jemandem: einer Freundin oder jemandem vom Pflege- und Betreuungsteam. Erinnern Sie sich stets daran, dass Sie Ihr Bestes geben und dass Sie nicht allein sind.
- Benötigen Sie eine Pause oder Auszeit als Bezugsperson, kann eine stationäre Kurzzeitpflege organisiert werden.
- Gehen Sie liebevoll mit sich selbst um, belohnen Sie sich immer wieder für Ihr Engagement und versuchen Sie, Humor zu bewahren.
- Versuchen Sie, auch schwierigen Situationen etwas Positives abzugewinnen – dies ist nicht immer leicht, doch es lohnt sich.

3 Die Betreuung zu Hause

Viele schwer kranke Menschen möchten möglichst viel Zeit zu Hause in ihrer vertrauten Umgebung verbringen. Dort fühlen sie sich oft freier und habe mehr Privatsphäre. Ein Pflegedienst wie z.B. die Spitex wird Sie in der Regel in der häuslichen Pflege unterstützen. Trotz dieser Unterstützung bleiben die Anforderungen an Sie hoch und Sie werden eventuell die allermeiste Zeit des Tages und die Nächte mit der von Ihnen betreuten Person verbringen. Je nachdem, in welchem Verhältnis Sie zur betreuten Person stehen (z.B. eine Tochter betreut die Mutter), ist es hilfreich, einen Betreuungs- und Pflegevertrag abzuschliessen, sodass die betreuende Person einen kleinen Verdienst hat und folglich ihr Arbeitspensum reduzieren kann. Unterlagen zum Betreuungs- und Pflegevertrag bietet die Pro Senectute an.

3.1 Welche Aufgaben bringt die Begleitung eines nahestehenden, schwer kranken Menschen zu Hause mit sich?

Die Antwort auf diese Frage hängt von vielen Faktoren ab: von den Bedürfnissen der betreuten Person, von der Art und Weise der Beziehung zwischen Ihnen, davon, mit welchen Aufgaben Sie sich wohlfühlen und mit welchen nicht, schliesslich aber auch von den Unterstützungsangeboten, die in Ihrer Region bestehen. Wie viel Pflege der Schwerkranke bzw. die Schwerkranke benötigt, variiert von Person zu Person. Der Bedarf kann sich auch über die Zeit verändern, wie folgendes Beispiel zeigt:

> *«Als mich die Krankenschwester fragte, ob ich bereit sei, Mama in der Dusche zu helfen, dachte ich: Auf keinen Fall! Aber ich beschloss, es nach ein paar Tipps der Krankenschwester auszuprobieren. Ich bin froh, dass ich es getan habe. Mama sagte immer, dass ich besser sei als die Krankenschwestern. Ob Sie es glauben oder nicht, es waren für uns immer besondere Momente. Wir ha-*

> *ben uns an Ereignisse aus früheren Tagen erinnert und über alte Zeiten gelacht.»*

Während einige Angehörige primär zuhören und trösten, kümmern sich andere um praktische Dinge wie die Mahlzeitenzubereitung und Transportdienste zu medizinischen oder anderen Terminen oder sie übernehmen administrative und koordinative Tätigkeiten. Angehörige beteiligen sich oft auch an der körperlichen Pflege (Baden, Körper- und Hautpflege). Fühlen Sie sich nicht dazu gedrängt und verpflichtet, irgendeine dieser Aufgaben übernehmen zu müssen, wenn Sie sich dabei unwohl fühlen.
Wenn Sie unsicher sind, wie Sie die betreute Person pflegen sollen, fragen Sie eine Pflegefachperson um Rat. Scheuen Sie sich auch nicht, ein zweites oder drittes Mal nachzufragen, wenn Sie etwas nicht verstanden haben oder immer noch verunsichert sind und weitere Informationen benötigen. Oft ist es hilfreich, wenn die Pflegefachperson Ihnen eine pflegerische Tätigkeit vorzeigt und Sie anschliessend dabei beobachtet, wenn Sie diese Tätigkeit zum ersten Mal ausführen. Wenn Bedarf nach einer Kosmetikerin oder einem Friseur besteht, fragen Sie diese an, ob sie ihre Dienste auch bei Ihnen zu Hause anbieten können.
Es kann sein, dass Sie sich eines Tages entscheiden müssen, die Pflege Ihres nahestehenden, schwer kranken Menschen nicht oder nur noch in einem geringeren Ausmass weiterzuführen. Besprechen Sie diese Situation ebenfalls mit einem Mitglied des Pflege- und Betreuungsteams.

> *«Früher habe ich alles für meinen Mann getan, aber jetzt bin ich völlig erschöpft. Ich war so erleichtert, als die Krankenschwester sagte, dass jemand anderes ihn ein paar Mal pro Woche baden könnte. Ich glaube, dass er die Abwechslung auch mag.»*

3.2 Welche Belastungen, aber auch positiven Aspekte bringen die Begleitung und Betreuung mit sich?

Sich um eine schwer kranke Person zu kümmern, die sich in einer palliativen Situation befindet, ist herausfordernd. Zeitweise werden Sie den Eindruck haben, sich auf einer gefühlsmässigen Achterbahn mit Höhen und Tiefen zu befinden. Manchmal werden Sie kurz durchschnaufen und eine Pause einlegen können, manchmal kommt alles Schlag auf Schlag und Sie haben den Eindruck, dass die Fülle an Aufgaben kein Ende mehr nimmt.

Es gibt aber auch die positive Seite. Viele Angehörige erzählen, dass die Begleitung ihnen half, das Leben mit anderen Augen zu betrachten. Sie hatten den Eindruck, an Lebenserfahrung gewonnen zu haben. Die Forschung hat gezeigt, dass sich Angehörige besser fühlen, wenn sie in belastenden Zeiten nach den guten Aspekten Ausschau halten, wenn sie versuchen, der Situation etwas Positives abzugewinnen. Je nach Situation ist dies schwierig. Doch manchmal entdeckt man in den Alltäglichkeiten Positives:

> *«Niemand hat mir davon erzählt, dass ich auch viel Schönes in der Begleitung von Lisa erfahren werde. Klar, es gab harte Zeiten, und in diesen war es schwer, das Positive zu sehen, oder anders gesagt: Es war in diesen Zeiten schwer, das Positive zu finden. Rückblickend kann ich auf viele gute Erfahrungen zurückblicken. Nicht nur, dass ich mich gut fühle, weil ich Lisa in ihrer schweren Zeit zur Seite stehen konnte. Nein, ich glaube auch, dass ich in dieser Zeit viel über das Leben und über mich selbst gelernt habe. Die Begleitung von Lisa war die wohl eindrücklichste Erfahrung meines ganzen bisherigen Lebens.»*

> *«Mein Partner und ich sind uns durch diese Krankheitserfahrung nähergekommen.»*

> *«Die Nähe – mit meinem Mann zusammen auf dem Bett zu liegen, wenn die Schmerzen ihn quälten und ich versuchte, ihn zu trösten. Das war mir einfach wichtig, obwohl es mir fast das Herz zerriss, wenn ich ihn jeweils so von Schmerzen geplagt sah.»*
>
> *«Ich bin jetzt eine viel stärkere Person.»*

Fällt es Ihnen schwer, der Situation etwas Positives abzuringen, erinnern Sie sich daran:

- Ihre Unterstützung hilft dem Ihnen nahestehenden, schwer kranken Menschen.
- Was Sie sich mit der Begleitung und Betreuung zumuten, ist herausfordernd. Es ist daher ganz natürlich, sich hie und da überfordert zu fühlen.
- Sie sind nicht allein. Es gibt Leute, die Ihnen helfen.
- Sie können aktiv etwas tun, damit es Ihnen wieder etwas besser geht.
- Denken Sie an angenehme Erfahrungen der Vergangenheit.
- Und: Sie geben Ihr Bestes und machen das Menschenmögliche.

3.3 Die Beziehung zur nahestehenden, schwer kranken Person

Während der Begleitung wird sich die Beziehung zwischen Ihnen und dem von Ihnen betreuten, schwer kranken Menschen immer wieder ändern. Manchmal ist sie angespannt, manchmal sehr tief und intensiv. Wie sich die Krankheitssituation auf Ihre Beziehung auswirkt, hängt von vielen Faktoren ab: z.B. von der gemeinsamen Geschichte, von Ihrer emotionalen Beziehung, von der Art und Weise, wie Sie in der Vergangenheit mit Problemen und Schwierigkeiten umgegangen sind. Der Zustand des von Ihnen betreuten Menschen ist ebenfalls ein wichtiger Faktor. Eine Angehörige berichtete beispielsweise:

> *«Am schwierigsten für mich zu akzeptieren war die Art, wie er damit emotional umging. Er schien sturer und versuchte, die*

Situation zu leugnen. Er weigerte sich sogar anzuerkennen, dass es ihm körperlich immer schlechter ging. Er konnte mit mir nicht offen über die Situation sprechen, sich mir gegenüber einfach nicht öffnen.»

Auch die Rollen innerhalb der Beziehung können sich verändern oder Sie müssen eine neue Rolle übernehmen: Vielleicht war die kranke Person immer diejenige, welche alle Entscheidungen gefällt hat. Und jetzt ist sie durch die Krankheit so geschwächt, dass plötzlich Sie entscheiden und handeln müssen. Diese veränderten Rollen zu akzeptieren, ist ein Prozess, der nicht immer einfach ist.
Über die Krankheit, den Tod und das Sterben offen zu sprechen, kann für Sie und die betreute Person sehr schwer sein, gerade wenn Sie feststellen, dass Sie unterschiedliche Meinungen zur Krankheitssituation haben. Einige schwer kranke Menschen sind der felsenfesten Überzeugung, dass sie wieder gesund werden. Vielleicht fürchtet sich der von Ihnen Betreute auch davor, dass Sie eine Auszeit benötigen oder er ist eifersüchtig, wenn Sie Zeit mit anderen Menschen verbringen. In solchen Situationen kann es helfen, offen und ehrlich miteinander zu sprechen.
Möglicherweise wünscht die von Ihnen betreute Person nicht, im Einzelnen über ihre schwere Krankheit informiert zu werden. Vielleicht entscheidet sie, dass nur Sie alle notwendigen Informationen erhalten und sämtliche Entscheidungen treffen sollen. Möglicherweise vermeidet sie auch Diskussionen rund um ihre Krankheit oder blockt entsprechende Diskussionen frühzeitig ab. Solche Situationen können eine grosse Belastung für Sie sein. Einige Patientinnen und Patienten, die anfänglich jegliche Diskussion über ihre Erkrankung ablehnen, beginnen im Verlauf der Krankheit darüber zu sprechen. Sind Sie daher stets auf das Unerwartete vorbereitet.
Auch Ihre Schuldgefühle gegenüber dem Ihnen nahestehenden Menschen können offene und ehrliche Diskussionen verunmöglichen.

Eventuell plagen Sie Situationen aus der Vergangenheit, in denen Sie etwas in Ihren Augen Ungutes getan oder etwas unterlassen haben. Die meisten Menschen haben solche Situationen erlebt und kennen die damit verbundenen Gefühle.
Für Sie als Angehörige ist es zudem vielleicht schwierig zu akzeptieren, dass ein geliebter Mensch nicht wieder gesund wird und sterben wird.

Für einen Austausch darüber helfen Ihnen möglicherweise folgende Punkte:

- Sprechen Sie offen und ehrlich aus, was Sie plagt.
- Gibt es etwas Humorvolles, das Sie der Situation abgewinnen können?
- Fragen Sie Ihr Gegenüber, was ihm oder ihr wichtig ist.
- Achten Sie auf Anzeichen eines schlechten Tages oder einer schlechten Stimmung. In dieser Situation ist es vielleicht besser, schwierige Themen nicht anzusprechen.
- Versuchen Sie, Fragen und Probleme gemeinsam mit der betreuten Person zu entscheiden. Handeln Sie als Team – das macht alles einfacher.
- Zeigen Sie dem Ihnen nahestehenden Menschen diesen Ratgeber. Die Lektüre kann ihm helfen, einige der Probleme besser zu verstehen, mit denen Sie zu kämpfen haben.

Manchmal haben Sie vielleicht auch das Gefühl, alle Ihre Bemühungen und Ihre Sorge um den Ihnen nahestehenden, schwer kranken Menschen werde durch ihn nicht genügend wertgeschätzt. Das kann gut sein, aber er wird Ihnen gegenüber nicht immer dankbar sein können. Gerade die vertrautesten Menschen der schwer kranken Person werden oft diejenigen sein, auf die sie den ganzen Frust ablädt, den die Krankheitssituation mit sich bringt. Zudem können auch Symptome einer Krankheit (z.B. Delir, dementielle Erkrankungen) dazu führen, dass die betroffene Person nicht in der Lage ist, Dankbarkeit und Wertschätzung zu zeigen. Wenn Sie eine der beschriebenen Situationen stark belastet, sprechen Sie mit einer Vertrauensperson oder mit jemandem vom Pflege- und Betreuungsteam darüber.

3.4 Wie viel soll der betreuten Person über ihre Krankheit erzählt werden?

Einige Angehörige sind der Überzeugung, dass dem ihnen nahestehenden Menschen die lebensbedrohliche Diagnose vorenthalten werden sollte. Sie denken, dass er nicht in der Lage ist, eine solche Nachricht zu verkraften. Oder es gibt kulturelle Gründe, die es verbieten, über die Themen Sterben und Tod zu sprechen. Menschen mit einer schweren bzw. unheilbaren Krankheit möchten in der Regel aber über ihren Zustand informiert werden. Sie möchten ihre (zeitlich beschränkte) Zukunft planen und mitentscheiden, wo sie ihre letzten Wochen und Monate verbringen. Zudem gibt es eventuell noch Angelegenheiten, die sie abschliessen, oder Dinge, von denen sie Abschied nehmen möchten. Schliesslich soll die betroffene Person davor geschützt werden, unnötige medizinische Eingriffe über sich ergehen lassen zu müssen. Grundsätzlich ist es schwierig, dem Ihnen nahestehenden, schwer kranken Menschen Informationen vorzuenthalten. Eine Betroffene drückte dies folgendermassen aus:

> *«Die Wahrheit kann wehtun, aber Unehrlichkeit tut noch mehr weh.»*

Ihr Betreuungsteam ist sehr erfahren im Umgang mit solchen Fragen und wird Ihnen gerne zur Seite stehen.
Viele Patientinnen und Patienten und ihre Angehörigen klammern sich an die Hoffnung auf Heilung oder an den Wunsch, den Todeszeitpunkt hinauszuzögern. Konsequenterweise versuchen sie eine Behandlung nach der anderen. Ein Ende der Behandlung käme für sie einem Auf-

geben gleich. Das Ende der sogenannten kurativen Behandlungen ist aber nicht das Ende aller Behandlungen. Seien Sie versichert, dass Ihr Betreuungsteam alles Menschenmögliche tun wird, die Lebensqualität der schwer kranken Person zu verbessern.

3.5 Die soziale Isolation durchbrechen

Schwer kranke Menschen verändern sich oft auch körperlich. Dies wirkt sich auf ihr Selbstwertgefühl aus und sie fühlen sich vielleicht unattraktiv. Sie haben Angst, dass sie abgelehnt werden und zwar gerade von jenen Menschen, die ihnen am nächsten stehen. In der Folge ziehen sie sich zurück. Gerade jüngere schwer kranke Patientinnen und Patienten können sich schämen, sich in der Öffentlichkeit zu zeigen, beispielsweise wenn sie eine Gehhilfe oder Unterstützung beim Essen benötigen.

Ist die von Ihnen betreute Person mit ihrem Aussehen oder ihren beschränkten Möglichkeiten unzufrieden, erinnern Sie sie daran: Attraktivität hängt nicht nur von äusserlichen Merkmalen ab. Mindestens so wichtig sind ihre persönlichen Eigenschaften wie etwa ihr Humor, ihre einzigartigen Gewohnheiten und ihr Charakter.

Auch Berührungen und Körperkontakt können helfen, solche Ängste zu lindern. Eine herzliche Umarmung, das Halten der Hand u.a. können Gefühle von Einsamkeit und Isolation überwinden helfen. Wenn Sie eine enge intime oder sexuelle Beziehung mit dem kranken Menschen führen, ist es möglich, diesen Bereich weiter zu pflegen und die Intimität zu teilen, die Ihnen beiden Freude bereitet.

Um die soziale Isolation zu durchbrechen, beteiligen Sie den Ihnen nahestehenden, schwer kranken Menschen bei alltäglichen Aktivitäten. Spielen Sie Karten, hören Sie zusammen Musik, schauen Sie sich gemeinsam einen Film an. Erinnern Sie sich an Dinge, die Ihnen beiden in der Vergangenheit Freude bereitet haben. Fühlt sich die betreute Person gut genug, machen Sie auch mal einen Ausflug.

Eine Bezugsperson hat dies folgendermassen beschrieben:

> *«Ich konnte ihn noch immer im Rollstuhl aus dem Haus holen. Wir gingen dann manchmal zusammen einen Film anschauen oder machten einen Spaziergang durch den örtlichen Park. Manchmal fuhren wir mit dem Auto auch einfach kreuz und quer durch die Gegend. Wenn es ihm nicht gut genug ging, haben wir uns alte Fotoalben angeschaut, Musik gehört oder ich las ihm was vor. Wir lebten jeden Tag, als ob er etwas Besonderes wäre.»*

Sind sogar Ferien vorstellbar, dann kann Ihnen eventuell das Betreuungsteam mit Rat und Tat zur Seite stehen.

3.6 Die Beziehungen zu Familie und Freunden

Die Beziehungen zu Ihrer Familie und Ihren Freunden können sich im Verlaufe der Krankheit verändern. Einige Leute, von denen Sie dachten, dass sie Sie oft kontaktieren und an Ihrer Seite stehen würden, lassen plötzlich nichts mehr von sich hören. Versuchen Sie, solche Reaktionen nicht persönlich zu nehmen. Einige Menschen finden es schwierig, Schwerkranke zu besuchen. Sie fühlen sich mit der Situation überfordert. Rufen Sie sie ruhig von Zeit zu Zeit an, um sie zu bitten, Ihnen bei praktischen Dingen wie z.B. dem Zubereiten von Mahlzeiten oder der Hilfe bei Transporten zu helfen. Ihre Bekannten werden es schätzen, gefragt zu werden und bekommen das Gefühl, wenigstens etwas getan zu haben, um zu helfen.

Andere Menschen wiederum melden sich dauernd und bieten ständig Hilfe und Ratschläge an. Sie machen sich vielleicht Sorgen oder können die Ausweglosigkeit der Situation nicht aushalten. Hören Sie sich die Vorschläge in Ruhe an. Wenn Ihnen ein Rat allerdings nicht hilfreich erscheint, sagen Sie einfach: «Danke, ich werde darüber nachdenken.» Tun Sie nur das, was für Sie richtig ist und sich stimmig anfühlt, unabhängig davon, was andere Leute davon halten. Oft dürfen Sie übrigens auch feststellen, dass sich Freundschaften in der Krankheitszeit vertiefen.

3.7 Kinder einbeziehen

Kindern sollte man die Situation altersgerecht erklären: Was erwartet sie, wenn sie mit zu Besuch kommen? Die meisten Kinder können die Situation so annehmen, wie sie ist, und setzen Erwachsene oft durch ihren Umgang damit in Erstaunen. Am besten ist es, mit den Kindern offen und ehrlich zu sprechen und keine Geheimniskrämerei zu betreiben. Es ist in Ordnung, den Kindern zu sagen, dass der Ihnen nahestehende Mensch sehr krank ist und nicht mehr gesund wird. Es ist auch gut, sich mit Kindern über das auszutauschen, was dem von Ihnen betreuten Menschen eine Freude bereiten könnte. Kinder sind oft sehr kreativ. Geschenkte Gedichte, Zeichnungen, Blumen oder eine liebevolle Umarmung können einen Besuch zu etwas ganz Besonderem machen (siehe auch Kapitel 7 zum Einbezug von Kindern zum Todeszeitpunkt).

3.8 Der Hausarzt als zentrale Ansprechperson

In den allermeisten Fällen koordiniert der Hausarzt des von Ihnen betreuten Menschen die medizinische Versorgung zu Hause. Allerdings ist auch er nicht immer erreichbar. Besprechen Sie mit ihm, an wen sie sich in dieser Situation wenden sollen (z.B. Pflege- oder Brückendienst, Stellvertretung). Wo vorhanden, können Sie sich auch an eine palliative Hotline wenden (siehe Kapitel 3.10).
Die meisten Hausärzte machen in palliativen Situationen Hausbesuche. Dies kann für Sie sehr entlastend sein, gerade wenn es der betreuten Person schwerfällt, den Arzt in seiner Praxis aufzusuchen. Idealerweise ziehen alle Beteiligten, d.h. Hausärzte, Angehörige, Pflegedienst, Spezialisten etc. an einem Strang.

Wenn Sie auf der Suche nach einem Hausarzt oder einer Hausärztin sind, können folgende Punkte helfen, zu einer richtigen Entscheidung zu kommen:

- Wie steht es um die Verfügbarkeit des Hausarztes, bzw. der Hausärztin, insbesondere ausserhalb der offiziellen Gesprächszeiten und am Wochenende?
- Macht er/sie Hausbesuche?
- Welcher Arzt übernimmt die Vertretung, wenn der Hausarzt, bzw. die Hausärztin nicht verfügbar ist?
- Welche Erfahrungen hat er/sie mit Palliativmedizin? Wie ist er/sie vernetzt?
- Ist der Hausarzt, bzw. die Hausärztin bereit, die von Ihnen betreute Person zu einem Palliativfacharzt zu überweisen, falls dies nötig ist? Oder holt er/sie bei Bedarf Fachwissen ein?

3.9 Wann sollte der Arzt angerufen werden?

Tauchen medizinische Probleme auf, sollten Sie den Arzt anrufen. Wenn ein Pflegedienst involviert ist, wenden Sie sich zuerst an diesen. Manchmal kümmern sich nicht nur der Hausarzt, bzw. die Hausärztin sondern weitere Fachärzte (z.B. ein Onkologe, ein Palliativmediziner) um die Betreuung der schwer kranken Person. Eventuell kommen Sie bei einem medizinischen Problem in die Lage, dass Sie nicht wissen, welchen der beteiligten Ärzte Sie anrufen sollen. Es ist von Vorteil, wenn in Ihrem Betreuungsplan vermerkt ist, an wen Sie sich im Notfall wenden können. Idealerweise arbeiten das Pflege- und Betreuungsteam, der Hausarzt und der Spezialist Hand in Hand, um eine möglichst gute Versorgung zu gewährleisten und Doppelspurigkeiten zu vermeiden.

Wenn es etwas gibt, das Sie verunsichert oder Ihnen Sorgen bereitet, schieben Sie es nicht auf die lange Bank, sondern bitten Sie gleich von Anfang an um Unterstützung. Ein kurzer Telefonanruf kann Ihnen unter Umständen viele Sorgen ersparen und lässt Sie besser schlafen. Am besten hängen Sie die Telefonnummer des Pflegedienstes, des Hausarztes oder des Palliativdienstes an einer gut sichtbaren Stelle auf, z.B. direkt neben dem Telefon oder am Kühlschrank.

3.10 Wann sollte die Hotline des Palliativdienstes angerufen werden?

In einigen Regionen gibt es eine Telefonhotline des Palliativzentrums (siehe wichtige Adressen). Sie können über diese Nummer jederzeit mit dem Palliativteam telefonisch Kontakt aufnehmen. Es muss sich dabei nicht zwingend um eine Notsituation handeln. Allerdings sollten die Stunden ausserhalb der Bürozeiten dringenden Angelegenheiten vorbehalten bleiben. Dies ist beispielsweise der Fall, wenn sich die von Ihnen betreute Person sehr unwohl fühlt, sich an ihrem Zustand etwas ändert oder Sie unsicher sind, was in der gegenwärtigen Situation zu tun ist. Die Verantwortlichen der Hotline werden Ihnen einige Fragen stellen, um die Situation einschätzen zu können. Anschliessend wird mit Ihnen besprochen, wie Sie sich in der vorliegenden Situation am besten verhalten oder die notwendige Unterstützung wird direkt organisiert.

3.11 Was ist, wenn ich weitere Fragen habe?

Schreiben Sie sich alle Ihre Fragen oder Anliegen auf:

- Fragen Sie sich selbst, wem Sie Ihre Anliegen am liebsten unterbreiten möchten. Handelt es sich z.B. um ein medizinisches oder pflegerisches Anliegen, könnte dies ein Arzt oder eine Pflegefachperson sein. Geht es um eine finanzielle Angelegenheit, möchten Sie vielleicht mit jemandem von der Sozialberatung sprechen (z.B. Beratungsangebote der Pro Senectute, der Gesundheitsligen oder der Kirchen). So können bei der Finanzierung von Hilfsmitteln (siehe Kapitel 4.1.5) oder der Entschädigung von Pflegepersonen für Nachtwachen oder Präsenzzeiten bei Ihnen zu Hause unter Umständen erhebliche Kosten auf Sie zukommen. Gegebenenfalls ist es sinnvoll, die Finanzierung dieser Ausgaben beizeiten zu organisieren. Wenn Sie sich nicht sicher sind, wen Sie am besten fragen sollen, wenden Sie sich einfach an eine Person, zu der Sie Vertrauen haben. Zusammen können Sie sicherlich herausfinden, wer für Ihre Fragen zuständig ist.

- Eventuell wissen Sie nicht, wie Sie Ihr Anliegen genau in Worte fassen sollen. Das ist kein Problem. Die Fachleute vom Pflege- und Betreuungsteam sind es gewohnt, mit Angehörigen zusammen das Anliegen einzukreisen und auf den Punkt zu bringen. Dies ist Teil ihrer Arbeit.
- Haben Sie kein schlechtes Gewissen, wenn Sie dieselbe Frage mehrmals stellen müssen. Gerade wenn Sie müde oder gestresst sind, ist es schwierig, alle Informationen sofort zu behalten und zu verdauen. Niemand wird es Ihnen übel nehmen, wenn Sie dieselbe Frage erneut stellen.
- Sie können sich auch entscheiden, dass Sie das Problem lieber allein angehen möchten. Dabei kann es hilfreich sein, sich einen Plan zurechtzulegen: Welches Ziel haben Sie? Und was sind die konkreten Schritte, dieses Ziel zu erreichen? Seien Sie nicht enttäuscht, wenn Sie Ihren Plan mehrmals abändern müssen. Dies ist ganz normal. Und bitte denken Sie daran: Auch wenn Sie nicht weiterkommen oder weiterwissen, Sie werden in der Regel innerhalb von 24 Stunden jemanden finden, der Ihnen weiterhilft. Wenn Sie Ihr Ziel erreicht haben, ist das grossartig. Vielleicht denken Sie nochmals an Ihren Plan und die Schritte, die Sie unternommen haben, zurück. Was war hilfreich? Was funktionierte nicht? Sie können so aus Ihren Erfahrungen für die Zukunft lernen.
- Manche Fragen lassen sich auch von professioneller Seite nicht immer klar und eindeutig beantworten. Manchmal müssen verschiedene Strategien ausprobiert werden, um herauszufinden, was am besten funktioniert. Die palliative Begleitung und Pflege ist oftmals komplex. Dieses Ausprobieren kann frustrierend sein, gerade wenn Ihnen klare Antworten und Sicherheit guttun würden. Sie können je-

doch damit rechnen, dass man Ihnen offen und ehrlich Antwort gibt. Bitte thematisieren Sie Ihre Erwartungen klar und direkt. Das erspart Ihnen meist Enttäuschung und Frustration.

- Und nochmals: Denken Sie daran: Um Hilfe zu bitten ist kein Zeichen von Schwäche oder Versagen. Vielmehr zeigt es, dass Sie mit bester Absicht für sich selbst und den Ihnen nahestehenden, schwer kranken Menschen handeln.
- Schliesslich: Wo Menschen arbeiten, geschehen Fehler. Falls Sie mit der Betreuung und Pflege durch den Pflegedienst oder durch andere Fachleute nicht einverstanden sind, schlucken Sie bitte Ihren Unmut und Ärger nicht einfach hinunter. Suchen Sie das Gespräch und legen Sie Ihre Unzufriedenheit dar. Wenn das Gespräch ohne Wirkung bleibt, haben Sie die Möglichkeit sich an eine Ombudsstelle, die Schweizerischen Stiftung SPO Patientenschutz oder die unabhängigen Beschwerdestelle für das Alter (UBA) zu wenden. Menschen und Organisationen sind nicht fehlerfrei und Ihre Beschwerde wird ihnen helfen, ihre Arbeit zu verbessern und Missstände zu beheben.

3.12 Die wichtigsten Punkte aus Kapitel 3

- Vergewissern Sie sich, dass man Sie über alle Möglichkeiten der Betreuung des Ihnen nahestehenden Menschen informiert.
- Erinnern Sie sich, dass Sie zusätzliche Unterstützung anfordern können, wenn Sie diese benötigen.
- Der Pflegedienst oder der Palliativdienst kann Ihnen zeigen, wie Sie die Pflege und Betreuung am besten bewerkstelligen.
- Es gibt Alternativen zur Betreuung und Pflege zu Hause, wenn es «zu viel» wird.
- Sie müssen nur Betreuungs- und Pflegeaufgaben übernehmen, bei denen es Ihnen wohl ist. Lassen Sie sich Tätigkeiten vorzeigen und fragen Sie lieber zweimal, wenn Sie unsicher sind.
- Sprechen Sie offen mit der von Ihnen betreuten Person, um die Situation für Sie beide bestmöglich zu gestalten.
- Konzentrieren Sie sich auf das Positive in der jeweiligen Situation.
- Bei Fragen und Anliegen können Sie sich jederzeit an Ihren Hausarzt/Ihre Hausärztin wenden. Einige Palliativzentren bieten auch eine 24h-Hotline für Fragen an (siehe Adressverzeichnis am Schluss). Telefonisch erreichen Sie an 365 Tagen rund um die Uhr jemanden, der Ihnen bei medizinischen Problemen weiterhilft.

4 Praktische Fragen der Pflege und Begleitung

Dieses Kapitel enthält Tipps zur praktischen Pflege. Zudem werden typische Symptome am Lebensende beschrieben und Strategien im Umgang mit diesen Symptomen erläutert. Schliesslich werden in Kapitel 4 Fragen zur emotionalen und religiös-spirituellen Begleitung erörtert.

4.1 Praktische Pflege

Die von Ihnen betreute Person kann vielleicht einige Aufgaben völlig selbstständig erledigen, während sie bei anderen auf Hilfe angewiesen ist. Es ist für Sie von Nutzen, wenn Sie wissen, welches die Aufgaben sind, bei denen Unterstützung benötigt wird. Denken Sie daran: Helfen Sie nur, wenn Sie und die betroffene Person sich dabei auch wohl fühlen.

4.1.1 Hilfe bei der Medikamenteneinnahme

- Überprüfen Sie immer das Etikett auf den Medikamentenpackungen, um sicherzustellen, dass Sie auch wirklich das richtige Medikament verabreichen. Nicht alle Medikamente werden oral (durch den Mund) eingenommen. Auch sind nicht alle Medikamente in Tablettenform erhältlich. Einige sind flüssig und andere müssen durch Injektion oder über ein Hautpflaster zugeführt werden. Vergewissern Sie sich auch diesbezüglich. Lassen Sie sich bei den ersten Medikamentenabgaben unbedingt von einer Fachperson anleiten und fragen Sie nach, wenn Sie unsicher sind.
- Manchmal erstellt das Krankenhaus oder der Hausarzt eine sogenannte Medikamentenliste. Darauf ist vermerkt, welche Medikamente wofür sind und wann man sie nehmen muss. Manchmal ist diese Liste Bestandteil des Betreuungsplans (siehe Kapitel 2.5). Wenn Sie keine solche Liste erhalten, sie aber für Sie eine Hilfe wäre, bitten Sie Ihren Hausarzt, eine solche anzufertigen.

- Einige Medikamente müssen zu bestimmten Zeiten eingenommen werden, andere nach Bedarf oder sie sind «in Reserve». So sollten beispielsweise einige Schmerzmittel nur gegeben werden, wenn die Person hohe Schmerzspitzen, d.h. besonders starke Schmerzen, erlebt, während andere Schmerzmittel regelmässig zu bestimmten Zeiten des Tages oder der Nacht verabreicht werden.
- Medikamente dürfen nur gemäss Anweisung des Arztes angewandt werden. Wenn sich die betreute Person oder Sie selber bezüglich der Einnahme unsicher sind, sprechen Sie mit Ihrem Arzt oder Ihrem Apotheker über die korrekte Anwendung.
- Müssen viele Tabletten eingenommen werden, sollten Sie eine Tablettenbox verwenden. Bei diesen können Sie die Tabletten in spezielle Kammern füllen (montags bis sonntags, morgens/mittags/abends/nachts). Dadurch wird es einfacher, sich daran zu erinnern, welche Medikamente wann eingenommen werden müssen. Solche «Dispenser» oder Tablettenboxen gibt es in den meisten Apotheken zu kaufen. Eventuell kann die Apotheke Ihren Dispenser auch gleich auffüllen.
- Werden Spritzen und Nadeln verwendet, bitten Sie den Pflegedienst oder die Apotheke um einen speziellen Behälter für die sichere Entsorgung.
- Es ist durchaus üblich, dass gewisse Medikamente durch andere ersetzt werden. Wird ein Arzneimittel nicht mehr benötigt, sollten Sie es entsorgen, um eine Verwechslung zu vermeiden. Nicht verwendete Arzneimittel können Sie der Apotheke zurückgeben. Benötigen Sie das derzeit nicht benötigte Medikament in Zukunft voraussichtlich wieder, bewahren Sie es an einem sicheren, kühlen und trockenen Ort auf, abseits der Medikamente, die derzeit täglich zum Einsatz kommen.
- Haben Sie nur noch ein paar Tabletten (oder andere Arzneimittel) übrig, rufen Sie Ihren Hausarzt an und bitten um ein neues Rezept. Vermeiden Sie es, die Medikamente ausgehen zu lassen, insbesondere an einem Wochenende.

- Ist das Schlucken einer Tablette für die kranke Person schwierig, können manche Tabletten zerkleinert und mit der Nahrung oder Flüssigkeiten eingenommen werden. Es gibt Medikamentenzerkleinerer, mit deren Hilfe das Zerkleinern ganz einfach ist. Fragen Sie zuvor allerdings einen Arzt oder eine Pflegefachperson, da einige Tabletten nicht zerkleinert werden dürfen und deshalb möglicherweise eine andere Form des Medikaments verschrieben werden muss.
- Manche Menschen müssen starke Schmerzmittel wie Morphium einnehmen. Ist dies der Fall, kann Ihnen der Arzt, der Apotheker oder der Pflegedienst erklären, warum, wie und wann diese Medikamente einzunehmen sind. Schriftliche Informationen zum Einsatz dieser Medikamente sind ebenfalls verfügbar. Einige Patienten und ihre Angehörigen fürchten sich vor den starken Schmerzmitteln. Sie machen sich Sorgen, dass die Einnahme zu einer Sucht führen könnte oder dass eine längere Verabreichung den Tod beschleunigt. Sie können sich jedoch darauf verlassen, dass die Palliativmedizin auf neuesten wissenschaftlichen Erkenntnissen beruht. Es entsteht keine Sucht, wenn Opioide (morphiumartige Mittel) gegen Schmerzen verabreicht werden. In den vorgeschriebenen Dosen verwendet wird der Tod auch nicht beschleunigt eintreten. Eher wird es so sein, dass sich viele Patienten besser fühlen, wenn ihre Schmerzen gelindert werden. Ihr Appetit verbessert sich, sie bewegen sich unbeschwerter und können wieder vermehrt am Leben teilnehmen und Aktivitäten unternehmen, die ihnen Freude bereiten.
- Manchmal wird der Arzt auch Notfallmedikamente in Form von Injektionen verschreiben. Bewahren Sie diese an einem sicheren Ort in der Wohnung auf. In der Regel werden diese Medikamente bei Bedarf verabreicht oder in Reserve gehalten für den Fall, dass sich die Beschwerden nicht durch Medikamente kontrollieren lassen, die über den Mund eingenommen werden. Verspürt eine Person beispielsweise Übelkeit oder kann ein Schmerzmittel nicht einnehmen, muss die Pflegefachperson oder der Arzt eine Injektion verabreichen, um die Übelkeit zu stoppen oder die Schmerzen zu lindern.

- Viele Medikamente, die Schmerzen lindern, haben leider auch unerwünschte Nebenwirkungen. Sprechen Sie mit dem Arzt oder dem Pflegedienst darüber, damit Sie wissen, worauf Sie achten müssen. Die meisten Nebenwirkungen lassen innerhalb von 24 bis 48 Stunden nach, wenn sich der Körper auf das Medikament eingestellt hat. Allerdings ist es sinnvoller, möglichen Nebenwirkungen präventiv vorzubeugen, zum Beispiel indem Abführmittel gegen Verstopfungen oder Medikamente gegen das Erbrechen verabreicht werden. Dies gilt vor allem für die Einnahme von Morphin-Präparaten.
- Falls Sie von Ihrem Arzt oder Apotheker keine Medikamentenliste erhalten haben, können Sie selber eine erstellen (Vorlage unter www.patientensicherheit.ch). Gerade bei Spitaleintritten, Verlegungen oder Austritten ist es wichtig, eine solche Liste zu haben. Füllen Sie sie aus und besprechen Sie diese mit dem Arzt oder Apotheker. Schreiben Sie auch sogenannte Heilmittel wie Kräuter, pflanzliche oder homöopathische Präparate, chinesische Medizin, Vitamine und Nahrungsergänzungsmittel auf und aktualisieren Sie die Liste regelmässig.

4.1.2 Körperhygiene

Es gibt viele Möglichkeiten, einen schwer kranken Menschen bei der Körperhygiene zu unterstützen: Eventuell brauchen Sie sich nur in der Nähe aufzuhalten, um bei Bedarf Hand anzulegen. Sie können anbieten, das Gesicht und die Hände des Ihnen nahestehenden Menschen zu waschen und die Haare zu kämmen. Oder Sie helfen vielleicht beim Duschen oder bei einem Bad. Die betreute Person benötigt möglicherweise Hilfe, um aus dem Bett und auf die Toilette zu gelangen. Der Pflegedienst wird Ihnen zeigen, auf welche Art und Weise Sie am besten Unterstützung leisten. Falls gewünscht, kann sich eine Pflegefachperson auch alleine um die körperliche Hygiene kümmern. Oder Sie machen es gemeinsam.

Sicherheit ist bei der alltäglichen Pflege wichtig. Installieren Sie bei Bedarf einen Haltegriff im Bad und Handläufe an den Treppen. Eventuell organisieren Sie einen Dusch-/Badewannen-Stuhl, damit die von Ihnen betreute Person nicht zu stehen braucht. Ein Handbrauseschlauch kann das Waschen ebenfalls vereinfachen. Manchmal ist es ratsam, dass ein Pflegeexperte das Bad in Ihrem Haus begutachtet, um Ihnen Verbesserungsvorschläge zu unterbreiten. Es gibt viele Hilfsmittel, die schwer kranke Menschen in ihrer Mobilität unterstützen können (siehe Kapitel 4.1.5).

Bei Inkontinenz, also dem Verlust der Kontrolle über das Wasserlassen oder den Stuhlgang, gibt es ebenfalls eine Reihe von Hilfsmitteln oder Produkten. Haben Sie keine Angst, mit jemandem vom Pflegedienst, vom Palliativteam oder mit dem Hausarzt darüber zu sprechen.

4.1.3 Unterstützung beim Essen und Trinken

Viele Menschen mit einer lebensbedrohlichen Krankheit verlieren mit Fortschreiten der Erkrankung ihren Appetit. Dies kann durch die Krankheit, die Nebenwirkungen einer Behandlung, durch Übelkeit, Niedergeschlagenheit, Verstopfung, Müdigkeit oder einen wunden oder trockenen Mund verursacht werden. Auch unbehandelte Schmerzen können zu Appetitlosigkeit führen. Mit anzusehen, wie der schwer kranke Mensch keinen Appetit hat und zusehends an Gewicht verliert, ist für das Umfeld meist sehr schwierig zu ertragen. Möglicherweise helfen die folgenden Vorschläge:

- Bieten Sie kleinere und häufigere, statt drei grosse Mahlzeiten an. Servieren Sie Essen auf kleineren Tellern und füllen Sie die Gläser nicht bis zum oberen Rand auf.
- Probieren Sie neue Lebensmittel aus. Der Geschmack und die Vorlieben für bestimmte Nahrungsmittel können sich durch die Krankheit verändern. So mögen einige Menschen keine süssen Speisen mehr und ziehen salzig-würzige Speisen vor.

- Hochkalorienhaltige Nährstoff-Getränke erhalten Sie in Apotheken und grösseren Supermärkten. Alternativ können Sie auch Ihre eigenen Früchte- oder Gemüsesäfte zubereiten und eventuell mit etwas Rahm verfeinern. Wenn eine Person keinen Appetit auf feste Nahrung hat, bieten Sie öfters solche Getränke an.
- Ein Glas Wein oder ein anderes alkoholisches Getränk vor dem Essen kann helfen, den Appetit anzuregen. Alkohol sollte jedoch nicht gemeinsam mit gewissen Arzneimitteln eingenommen werden. Erkundigen Sie sich deshalb zuvor bei Ihrem Arzt.
- Auf gute Mundhygiene achten: Halten Sie den Mund der betreuten Person durch regelmässiges Zähneputzen, Getränke und Mundspülungen feucht, denn das Durstgefühl ist abhängig von der Feuchtigkeit der Mundschleimhäute. Wenn Sie weisse, «flockige» Flecken im Mund bemerken, informieren Sie den Arzt oder den Pflegedienst. Diese sind ein häufiges Symptom und können in der Regel mit einem speziellen Medikament behandelt werden.
- Mit fortschreitender Krankheit werden Sie feststellen, dass die betreute Person immer weniger isst. Vielleicht ist es in dieser Lebensphase nicht mehr so wichtig, jeden Tag gut und ausgewogen zu essen. Es kann wichtiger sein, sich auf das zu konzentrieren, was der Patient bzw. die Patientin geniesst, wie das folgende Beispiel zeigt:

«Ich habe immer darauf geachtet, dass meine Tante jeden Tag ihr Gemüse bekommt. Jetzt, da ich sie selbst ernähren muss, sehe ich, dass sie es immer wieder ausspuckt. Wenn ich ihr ein Eis oder etwas Schokolade gebe, leuchten ihre Augen auf und sie isst immer alles auf. Der Ernährungsberater sagte mir, dass es besser für sie ist, das zu essen, was ihr schmeckt, als überhaupt nichts zu essen.»

4.1.4 Hilfe bei «technischen» Pflegetätigkeiten

Einige Patienten sind auf Hilfsmittel wie Katheter, Urinbeutel, Injektionen, Port-a-Cath (implantierter Katheter) etc. angewiesen. Viele Angehörige lernen im Laufe der Zeit, mit diesen Hilfsmitteln umzugehen. Andere fühlen sich im Umgang mit ihnen die ganze Zeit über unwohl. Eine Angehörige hat es einmal so ausgedrückt:

> *«Ich kann bei fast allem Hilfe leisten, aber ich werde nervös mit diesen technischen Geräten.»*

Wenn Ihnen der Umgang mit diesen technischen Hilfsmitteln unangenehm ist, sprechen Sie mit dem Pflegedienst darüber. Vielleicht benötigen Sie etwas Zeit, den Umgang damit zu erlernen. Oder Sie entscheiden sich, ihn den Pflegefachpersonen zu überlassen.

4.1.5 Verwendung von technischen Hilfsmitteln

Je nach Situation werden unterschiedliche Hilfsmittel benötigt. Diese Hilfsmittel dienen dazu, die Unabhängigkeit der betreuten Person zu fördern. So kann sie sich in einem sicheren Umfeld bewegen. Folgende Hilfsmittel können Sie verwenden:

- einen Duschstuhl – dieser ermöglicht einer Person, sich sicher in der Dusche hinzusetzen.
- Bad-/Duschhandläufe – sie bieten Halt beim Stehen und Sitzen im Bad/in der Dusche.
- Badewannenbrett – mit diesem kann in der Badewanne sitzend geduscht werden.
- einen Nachtstuhl – dieses mobile WC sieht aus wie ein Stuhl.
- Bettpfanne/Urinflasche – damit ist ein Toilettengang im Bett möglich.
- Urinal, beim Mann, muss von Fachperson angelegt werden.
- Blasenkatheter und Urinsack – Schlauch durch die Harnröhre in einen Sack, um den Harnabgang zu gewährleisten.

- Inkontinenzeinlagen – unterschiedliche Arten und Materialien.
- Kunstoffmatratzenschutz – wird wie ein Fixleintuch über die Matratze unter das normale Leintuch gezogen, wenn der Patient mit einer unkontrollierbaren Blase oder einem unkontrollierbaren Darm zu kämpfen hat.
- Bettauflagen/Krankenunterlagen – es existieren verschiedene Möglichkeiten, das Bett und Leintücher zu schützen; es sind Einweg- und Mehrwegprodukte erhältlich.
- Pflegebett – ein Bett, das elektrisch hoch- oder runtergefahren werden kann und über Seitengitter verfügt, um Stürze zu verhindern.
- Bettgalgen – hilft einer Person beim Hinlegen und beim Verlassen des Bettes.
- Rutschmatte – spezielle Laken, die es einfacher machen, den Patienten zu bewegen, wenn er im Bett liegt.
- Rutschbrett – ein Brett aus Holz oder Kunststoff, um den Übergang vom Bett in den Rollstuhl und zurück zu vereinfachen.
- Tablettenboxen, Mediboxen oder Medikamentendispenser – spezielle Medikamentenbehälter, die helfen, die richtigen Tabletten zur richtigen Zeit einzunehmen.
- Spritzenpumpe – ein Gerät, das verwendet wird, um Medikamente unter die Haut zu leiten, anstatt sie durch den Mund einzugeben.
- Spritzencontainer für gebrauchte Spritzen und Nadeln (Verminderung der Verletzungsgefahr!).
- Klingel, «Babyphon» oder Rotkreuz-Notruf.
- Einweghandschuhe (aus Plastik oder Latex).
- Entlastungs- und Lagerungsmaterial, das hilft, Druck zu entlasten, z.B. Spezialmatratzen, künstliche Felle und Spreukissen für mehr Bequemlichkeit im Liegen oder im Sitzen und zur Vermeidung von Druckstellen.
- Rollator/Gehböckli – Gerät, das das Gehen unterstützt.
- Rollstuhl – ermöglicht einer Person, mobil zu bleiben, wenn sie nicht mehr gehen kann.

- Schnabelbecher/-tasse – um das Verschlucken beim Trinken zu vermindern.
- PEG-Sonde (PEG = perkutane endoskopische Gastrostomie) – Sonde um künstlich Nahrung und Flüssigkeit direkt über den Magen zu zuführen, wenn das Schlucken mühsam oder unmöglich ist. Die Sonde wird von Fachpersonen angelegt und betreut.

Wenn Sie eines dieser Geräte benötigen, besprechen Sie dies bitte mit dem Pflegedienst oder dem Arzt. Sie werden für Sie das Gerät organisieren und Ihnen zeigen, wie man es benutzt. Es gilt auch, Sicherheitshinweise zu beachten. Bei einigen Geräten wird eine Leihgebühr erhoben.

4.2 Häufige körperliche Symptome am Lebensende und der Umgang damit

Als Symptome bezeichnet man Probleme im Zusammenhang mit einer Erkrankung. Bei schwer und unheilbaren kranken Menschen steht die Linderung der Symptome im Mittelpunkt der Behandlung. So unterschiedlich wir Menschen sind, so unterschiedlich sind auch die körperlichen Symptome, die in der letzten Lebensphase auftreten können. Gleichwohl gibt es solche, die gehäuft auftreten: Schmerzen, Verstopfung, Übelkeit, Müdigkeit und Atemnot. Diese Symptome verschwinden meist nicht vollständig, können aber oft auf ein ertragbares Niveau gesenkt werden. Halten Sie Rücksprache mit dem Arzt oder dem Pflegedienst und vergewissern Sie sich, wie Sie vorgehen können, wenn eines (oder mehrere) der nachfolgend beschriebenen korperlichen Symptome vorliegt. Sprechen Sie auch mit dem Arzt oder dem Pflegedienst, wenn ein Symptom auftritt, das hier nicht erwähnt wurde. Hilfreich kann es sein, ein Symptom-Tagebuch zu führen. Darin beschreiben Sie kurz die Art des Symptoms und notieren die Zeit, wann Sie es zum ersten Mal bemerkt haben. Im Folgenden einige allgemeine Hinweise zu häufigen körperlichen Symptomen:

4.2.1 Schmerzen

Nicht alle Menschen mit einer lebensbedrohlichen Erkrankung haben Schmerzen am Lebensende. Das ist tröstlich, denn wohl alle Angehörige wünschen, dass der von ihnen betreute Mensch möglichst nicht leiden muss.
Schmerzen vermindern die Lebensqualität, denn sie führen dazu, dass wir uns unwohl fühlen. Glücklicherweise lassen sie sich oft lindern, aber es gilt auch ehrlicherweise zu zugeben, dass sie nicht immer vollständig verschwinden.

Folgende Punkte sind für Sie im Zusammenhang mit Schmerzen wichtig:

- Besprechen Sie alle Beobachtungen und Wahrnehmungen mit dem Arzt oder dem Pflegefachpersonal.
- Erfragen Sie die Art und Stärke der Schmerzen und notieren Sie sich die Antworten. Die Antworten auf folgende Fragen helfen dem Arzt weiter:
  - Wo sind die Schmerzen? (Manchmal verteilt sich dieser über mehrere Körperregionen.)
  - Wie fühlt sich der Schmerz an? (scharf, pochend, brennend etc.)
  - Wann haben die Schmerzen begonnen?
  - Sind die Schmerzen neu aufgetreten?
  - Wie würde der/die Betroffene die Schmerzen auf einer Skala von 1 bis 10 bewerten? (1 bedeutet «keine Schmerzen», 10 bedeutet «unerträgliche Schmerzen». 7 oder 8 von 10 bedeutet immer noch «sehr starke Schmerzen».)
  - Ist der Person gleichzeitig übel?
  - Wann hatte die Person das letzte Mal Stuhlgang? (Verstopfung kann Schmerzen verursachen.)
- Als Alternative zur Liste mit den erwähnten Fragen kann Ihnen der Pflegedienst ein Schmerzprotokoll geben, das entweder Sie oder die

betroffene Person ausfüllt. Wenn die von Ihnen betreute Person an einer Demenz erkrankt ist oder die Fragen nicht versteht, muss das Umfeld sensibel auf Schmerzanzeichen achten. Wie geht der Patient vom Bett zu einem Stuhl, wie bewegt er sich im Bett, wie isst er, was sagt die Mimik aus?

- Tipps zur Behandlung von starken Schmerzen:
  - Bitten Sie die von Ihnen betreute Person sich hinzulegen oder hinzusetzen.
  - Bitten Sie sie, zehn tiefe Atemzüge zu nehmen.
  - Nimmt die betroffene Person gegen Schmerzen Medikamente ein, verabreichen Sie diese wie angewiesen. Prüfen Sie zuerst, welche Schmerzmedikamente an diesem Tag bereits eingenommen wurden. Hat die von Ihnen betreute Person das Maximum erreicht, rufen Sie den Arzt oder den Pflegedienst an.
  - Schlagen Sie der betroffenen Person vor, sich von den Schmerzen durch Lesen, Fernsehen oder Musikhören abzulenken.
  - Bieten Sie eine Massage der Füsse, Hände oder Schultern an.
  - Liegen Übelkeit oder Verstopfung vor, kann dies eine mögliche Ursache der Schmerzen sein.
  - Klingen die starken Schmerzen nach 30 Minuten nicht ab, rufen Sie den Arzt oder den Pflegedienst an. Sie werden die Lage beurteilen und Ihnen Wege vorschlagen, um die Schmerzen zu lindern

4.2.2 Übelkeit

Eine Person verspürt Übelkeit, wenn es sie drängt, sich zu erbrechen oder wenn sie sich beim Gedanken an oder Anblick von Nahrungsmitteln sehr unwohl fühlt. Übelkeit kann durch die Erkrankung, durch Medikamente, Chemotherapie, Strahlentherapie, Verstopfung oder ein Ungleichgewicht der Chemikalien im Körper verursacht werden. Wenn die von Ihnen betreute Person Übelkeit verspürt:

- Stellen Sie eine Schüssel oder einen Eimer in ihre Nähe.
- Öffnen Sie das Fenster.

- Erkundigen Sie sich, wie stark die Übelkeit auf einer Skala von 1 bis 5 ist (wobei 1 «sehr wenig» Übelkeit und 5 «extreme» Übelkeit bedeutet).
- Wenn gegen die Übelkeit Medikamente verschrieben wurden, überprüfen Sie, ob sie wie verschrieben eingenommen wurden. Wenn es das Rezept erlaubt, geben Sie der von Ihnen betreuten Person ein Medikament gegen die Übelkeit, es sei denn, der Gedanke, eine Tablette schlucken zu müssen, löst noch mehr Übelkeit bei der betroffenen Person aus.
- Einige Leute können nicht essen oder trinken, bis die Übelkeit verschwindet; andere finden kleine Speisen oder Getränke hilfreich.
- Fragen Sie, wann die betroffene Person das letzte Mal Stuhlgang hatte. Wenn es länger als zwei Tage her ist, folgen Sie den Anweisungen zu den Verstopfungssymptomen.
- Gönnen Sie der von Ihnen betreuten Person Ruhe. Schlagen Sie vor zu versuchen, tief ein- und auszuatmen. Legen Sie eventuell sanfte Musik auf. Bieten Sie eine Fuss- oder Nackenmassage an. Wenn die betroffene Person dazu in der Lage ist, kann auch ein Bad oder eine Dusche helfen.
- Wenn sich die Übelkeit nach einer Stunde nicht bessert oder wenn sie schlimmer wird, wenden Sie sich an den Arzt oder den Pflegedienst.

4.2.3 Verstopfung

Verstopfung tritt auf, wenn eine Person mehrere Tage keinen Stuhlgang mehr hatte, was zu Übelkeit, Schmerzen und Müdigkeit führen kann. Die Ursachen der Verstopfung können in einer verringerten Flüssigkeitsaufnahme, der eingeschränkten Mobilität, einer schlechten Ernährung oder der Krankheit der Person liegen. Verstopfung kann auch als Nebenwirkung der Morphium-Präparate auftreten.

In den meisten Fällen kann Verstopfung verhindert werden:

- Fördern Sie das häufige Trinken von Wasser oder Säften, falls aus medizinischer Sicht aufgrund der Erkrankung nichts dagegen spricht.

- Wenn aus medizinischen Gründen erlaubt, bieten Sie Lebensmittel mit vielen Ballaststoffen zusammen mit ausreichend Flüssigkeit an.
- Wenn es der von Ihnen betreuten Person möglich ist, machen Sie täglich einen kurzen Spaziergang.
- Beobachten Sie den Stuhlgang: Ist er hart, weich, klein oder flüssig?
- Notieren Sie sich, wann ein Stuhlgang auftritt und ob Winde abgehen.
- Wenn der betreuten Person starke Schmerzmittel (wie Morphium) verschrieben wurden, stellen Sie sicher, dass sie gleichzeitig Abführmittel einnimmt.
- Es gibt viele natürliche Heilmittel gegen Verstopfung, die gemeinsam mit den verschriebenen Medikamenten verwendet werden können. Bitten Sie den Arzt, den Apotheker oder den Pflegedienst um Ratschläge.
- Wenn sich der Darm während zwei Tagen nicht regt, benachrichtigen Sie den Arzt oder den Pflegedienst.
- Auch Menschen, welche nichts oder nur wenig essen, bekommen Stuhlgang – Verstopfung kann auch dann noch auftreten, wenn wenig Nahrung aufgenommen wird.

4.2.4 Atemlosigkeit

Atemnot oder Atemschwierigkeiten können sehr unangenehme Symptome sein. Normalerweise wird Atemnot durch eine Erkrankung der Lunge oder des Herzens, durch Asthma, ein Emphysem, eine Lungenentzündung, durch Druck von anderen Körperorganen oder durch Angst verursacht. Während die spezifische Behandlung von der jeweiligen Ursache abhängt, werden hier einige allgemeine Massnahmen beschrieben, die helfen können:

- Ermutigen Sie den Patienten, sich aufrecht hinzusetzen, und bleiben Sie in seiner Nähe. Eventuell hilft auch die Kutscherstellung. Dabei stützt sich die betroffene Person mit ihren Armen auf etwas ab.
- Öffnen Sie ein Fenster oder stellen Sie einen Ventilator an.
- Der Patient sollte locker gekleidet sein.

- Legen Sie beruhigende Musik auf und bieten Sie eine sanfte, beruhigende Massage der Füsse, Hände oder Schultern an.
- Wenn Medikamente gegen Atemnot verschrieben wurden, achten Sie darauf, dass sie wie vorgeschrieben eingenommen werden.
- Sauerstoff über eine Maske oder Nasenklammern sind nicht routinemässig anzuwenden und erfordern eine ärztliche Anweisung.
- Falls sich die Atemnot nicht bessert, kontaktieren Sie den Arzt oder den Pflegedienst.

4.2.5 Erschöpfung/Fatigue

Menschen mit schweren Krankheiten fühlen sich oft erschöpft. Es handelt sich dabei um ein Gefühl extremer Müdigkeit, das ziemlich frustrierend oder lähmend ist. Verursacht wird die Erschöpfung z.B. durch Schlafmangel, einen niedrigen Sauerstoffgehalt im Blut, schlechte Ernährung, eine Depression, Nebenwirkungen einer Chemo- oder Strahlentherapie, Infektionen oder durch die Krankheit selbst. Fatigue bzw. Erschöpfung ist zuweilen schwer zu behandeln.

Die folgenden Strategien können helfen:

- Regen Sie kurze Nickerchen während des Tages an.
- Schlagen Sie regelmässig leichte Bewegung vor.
- Bieten Sie nahrhafte Lebensmittel und Getränke an.
- Planen Sie alle anstrengenden Aktivitäten (z.B. Duschen oder Baden) dann, wenn das Energieniveau des Patienten hoch ist.
- Ermutigen Sie den Patienten zu einem Hobby, das nicht viel Energie erfordert: zum Beispiel Brettspiele, Hörbücher, Radio hören, Fernsehen oder Videos schauen.
- Wenn die Erschöpfung schlimmer wird, sprechen Sie mit dem Arzt oder dem Pflegedienst.

4.2.6 Delirium

Ein Delirium steht für eine Verwirrung des Denkens, des Gedächtnisses und des Verhaltens. Die Veränderungen werden durch eine Störung der Gehirnfunktionen, durch die Krankheit selbst oder manchmal auch durch Medikamente verursacht. Menschen mit einem Delirium haben Schwierigkeiten, neue Informationen aufzunehmen, sich auf Probleme zu konzentrieren und aufmerksam zu sein. Manchmal fällt ihnen sogar das Unterscheiden zwischen Tag und Nacht schwer. Eine Person im Delirium kann vertraute Menschen verwechseln oder sie nicht erkennen. Manchmal fixieren sich Betroffene auf bestimmte Sachen und sind misstrauisch. Zuweilen verursacht das Delirium Halluzinationen und der Patient sieht oder hört Dinge, die nicht da sind.

Patienten am Lebensende müssen oft verschiedenste Medikamente einnehmen. Das Zusammenspiel der verschiedenen Medikamente kann zu einem Delirium führen, besonders wenn Infektionen oder eine kürzlich erfolgte Operation hinzukommen. Auch ältere Patienten, die bereits Gedächtnisprobleme haben, entwickeln zuweilen ein Delirium. Ein Delirium kann für die betroffene Person, aber auch für ihr Umfeld, sehr belastend sein.

Das Behandlungsteam wird in einem ersten Schritt der Ursache für die Entstehung des Deliriums nachgehen. Manchmal helfen beruhigende Medikamente. Die Veränderungen im Denken und Verhalten der Person sind in der Regel nicht dauerhaft und bedeuten nicht, dass die Person ein permanentes psychisches Problem aufweist.

Halten Sie beim Sprechen Blickkontakt und sprechen Sie langsam und ruhig. Erinnern Sie die betroffene Person daran, wer Sie sind, wo sie sich befindet und dass Sie hier sind, um ihr zu helfen. Wenn sie sich im Spital oder einer Pflegeeinrichtung befindet, bleiben Sie bei ihr, da Patienten im Delirium besser auf vertraute Menschen als auf Fremde ansprechen. Am besten ist es für die Betroffenen, nicht zu viele Besucher auf einmal zu haben. Auch gilt es, zu viel äussere Stimulation wie laute Musik oder den Fernseher zu vermeiden. Ermutigen Sie die

betroffene Person zu trinken. In der Regel können dies die Betroffenen nicht selbst steuern, insbesondere wenn sie unruhig sind.
Bitte teilen Sie dem Pflegedienst oder dem Arzt mit, wenn Sie Anzeichen wahrnehmen, welche auf ein Delirium hindeuten. Wichtig ist auch, den Fachleuten so viele Informationen wie möglich über die Vorgeschichte des Betroffenen mitzuteilen, da diese bei der Ursachensuche und dem Verhindern eines erneuten Deliriums wichtig sind.

4.3 Die emotionale Begleitung des nahestehenden, schwer kranken Menschen

Patientinnen und Patienten mit lebensbedrohlichen Erkrankungen gehen während ihrer Krankheitszeit durch viele Hochs und Tiefs. Manchmal sind sie wütend, verärgert, mürrisch, reizbar, aber auch nachdenklich, still, zurückgezogen; schliesslich gibt es immer auch wieder fröhliche Momente. Mitunter werden Sie für die negativen Gefühle des von Ihnen betreuten Menschen verantwortlich gemacht. Vielleicht denkt er zuweilen über den Tod und das Sterben nach und wird Sie nach Ihrer Meinung fragen. Geben Sie ehrlich Antwort. Sie müssen jedoch nicht auf alle Fragen eine Antwort bereit haben.

- Wenn gewünscht, organisieren Sie für die von Ihnen betreute Person jeden Tag eine kleine Abwechslung.
- Fragen Sie, ob es etwas gibt, das Sie tun können, um die Situation zu erleichtern.
- Schlagen Sie ein paar erfreuliche Aktivitäten vor, die gemeinsam unternommen werden können.
- Fragen Sie, ob es etwas gibt, das die betreute Person unbedingt machen möchte.
- Denken Sie daran: Es ist völlig normal, dass sie von Zeit zu Zeit niedergeschlagen, traurig oder ängstlich ist.
- Ermutigen Sie die betreute Person dazu, sich an sozialen Aktivitäten zu beteiligen.

- Sagen Sie, wie gerne Sie sie haben und dass Sie sich nach bestem Wissen und Gewissen um sie kümmern – tun Sie dies jedoch nur, wenn dies auch Ihre Gefühle widerspiegelt.

Einige Patientinnen und Patienten oder ihre Angehörigen werden durch die Krankheitssituation so verunsichert und entmutigt, dass sie depressiv oder ängstlich werden. Jede und jeder von uns fühlt sich manchmal etwas müde oder matt. Leiden Sie oder die betreute Person jedoch länger als zwei Wochen an einer starken Traurigkeit, Mattheit, Abgeschlagenheit sowie einem Interessensverlust in Bezug auf die meisten Tätigkeiten, die einst Freude bereitet haben, kann eine klinische Depression vorliegen, die behandelt werden sollte. Viele Patientinnen und Patienten kennen auch Suizidgedanken und -phantasien. Einige drücken ihren Lebensunmut vielleicht mit «Ich habe genug» oder «Niemand sollte in meiner Situation stecken» oder «Wenn nur schon alles vorbei wäre» aus. Hinter solchen Bemerkungen stehen in der Regel keine bestimmten oder anhaltenden Suizidabsichten. Nehmen Sie die Gedanken trotzdem auf und versuchen Sie herauszufinden, was dahintersteckt.
Angststörungen auf der anderen Seite zeigen sich durch grosse und anhaltende Ängste, welche sich bis zu einem plötzlichen Gefühl von Panik entwickeln können. Zudem können sich wiederkehrende zwanghafte Gedanken und Handlungen einstellen oder es werden Dinge und Situationen vermieden, welche Ängste auslösen.
Leiden Sie selber längere Zeit unter starken Ängsten oder Abgeschlagenheit und haben Sie den Eindruck, dass die negativen Gefühle oder Gedanken Ihre Lebensqualität oder diejenige des von Ihnen betreuten Menschen stark beeinträchtigen, wenden Sie sich bitte an Ihren Arzt. Nach einer eingehenden Diagnose wird mit Ihnen besprochen, welche Massnahmen angezeigt sind, um die Depression oder Angststörung zu behandeln. Möchten Sie dringend mit jemandem über Ihre Gefüh-

le sprechen, rufen Sie die Telefonnummer der Dargebotenen Hand (Telefon 143) an. Auch Gemeinde- oder Pfarreiseelsorgende sind meist kurzfristig für ein Gespräch verfügbar. Sie sind in der Regel dafür ausgebildet, Sie und Ihren Angehörigen in existentiellen Fragen und emotionalen Krisen zu begleiten.
Weitere therapeutische Angebote, die mithelfen, emotional mit der Krankheitssituation umzugehen, sind Psychotherapie, Musik- und Kunsttherapie, Entspannungsverfahren, Selbsthilfegruppen etc. Wenn Sie oder die von Ihnen betreute Person sich für eine solche Behandlung interessiert, wenden Sie sich bitte an den Arzt oder den Pflegedienst. Hier zwei Erfahrungsberichte:

> *«Ich hatte keine Ahnung, was Musiktherapie ist, bis die Krankenschwester fragte, ob Musik mir beim Entspannen und bei der Schmerzlinderung hilft. Innerhalb von zwei Tagen hatte ich einen Besuch dieser schönen Harfenistin, und nach einer Stunde war der Schmerz einfach weggeschmolzen.»*

> *«Die Kunsttherapeutin brachte etwas Papier und Farben mit, mit denen George seine Gefühle auf andere Weise als mit Worten ausdrücken konnte. Eines Tages drückte er seine Wut aus, indem er Krebszellen malte, die in seinen Körper eindrangen. An einem anderen Tag malte er einen beruhigenden Sonnenuntergang.»*

4.4 Die religiös-spirituelle Begleitung am Lebensende

Spiritualität und Religiosität thematisieren den Sinn des Lebens, das «Woher komme ich?» und «Wohin gehe ich?» sowie die grundlegenden Werte und Überzeugungen einer Person. Auch Menschen am Lebensende und ihre Angehörigen stellen sich immer wieder Fragen nach dem Sinn: Welchen Sinn hat mein Leben noch in der derzeitigen Situation? Was macht mein Leben noch lebenswert? Worauf kann ich noch hoffen? Was bleibt von mir, wenn ich einmal nicht mehr da bin?

Es gibt jedoch auch schwer kranke Menschen, denen solche Fragen nicht wichtig sind. Entsprechend unterscheidet sich auch der Bedarf an religiös-spiritueller Begleitung. Wenn Sie unsicher sind, ob die von Ihnen betreute Person religiös-spirituelle Bedürfnisse hat, fragen Sie sie danach. Mögliche Fragen sind:

- «Gibt es eine bestimmte Person, einen bestimmten Ort oder einen bestimmten Gegenstand, der dir in dieser Phase deiner Krankheit Hoffnung gibt, dich zu trösten vermag?»
- «Gibt es ein bestimmtes religiöses Ritual, welches dir guttun würde?»
- «Hast du irgendwelche besonderen Sorgen, jetzt wo sich der Tod nähert?»
- «Gibt es jemanden, mit dem du über religiös-spirituelle Fragen sprechen möchtest?»

Wenn die von Ihnen betreute Person oft an Gottesdiensten teilgenommen hat, dies jedoch wegen der Krankheit nicht mehr kann, gehen Sie auf einen religiösen Vertreter ihrer Religionsgemeinschaft zu. Zum Beispiel kann ein Gemeindemitglied oder die zuständige Seelsorgeperson zu Ihnen nach Hause kommen. Es ist wichtig für die kranke Person, diese religiösen Kontakte und die vertrauten Rituale (z.B. Empfang der heiligen Kommunion, Krankensalbung, Segnung) weiterhin zu pflegen. Diese Besuche helfen Ihnen und der betroffenen Person, die Isolation zu durchbrechen und geben das Gefühl, nach wie vor Teil der Religionsgemeinschaft zu sein. So wie bei Petra:

> *«Petra war am Boden zerstört, als sie erfuhr, dass man ihren Krebs nicht heilen konnte. Sie hatte mehrere Operationen hinter sich und jetzt schlug der Onkologe vor, die Chemotherapie zu beenden. Petra und ihre Familie fühlten sich in dieser Situation völlig hoffnungslos. Der Spitalseelsorger des Palliativdiensts schlug Petra und ihrer Familie vor, ein kurzes Ritual durchzuführen. Dieses Ri-*

tual markierte den Übergang vom Krankenhaus nach Hause. Der Seelsorger leitete das Ritual mit einem Gebet ein. Anschliessend skizzierte er die bisherige Krankheitsgeschichte von Petra und all ihre damit verbundenen Ängste und zerstörten Hoffnungen. Der Seelsorger dankte dem Betreuungsteam für dessen Arbeit und bat Gott um Kraft und Mut für Petra, den nächsten Schritt ins Ungewisse zu wagen und sich mit der verbleibenden Lebenszeit zu versöhnen. Schliesslich erbat er für Petra und ihre Angehörigen Gottes Segen.»

Religiös-spirituelle Begleitung kann auch bedeuten, auf das vergangene Leben Rückschau zu halten, eventuell gemeinsam mit Familie und Freunden. Dies bietet Gelegenheit, Ungeklärtes anzusprechen, zu lachen und zu weinen. Manche Menschen schreiben ihre Biografie auf, für sich selbst oder ihre Nachkommen.

Denken Sie daran: Auch wenn sich die von Ihnen betreute Person zeitlebens nicht für religiöse oder spirituelle Fragen interessiert hat, können diese während der Krankheit auftauchen. Mit wem sie sich zu diesen Themen austauschen möchte, ist unterschiedlich: Für manche mag es eine Vertrauensperson aus dem Behandlungs- und Betreuungsteam oder eine freiwillige Helferin sein, für andere ein Freund oder ein Familienmitglied und für andere wiederum ist die richtige Person eine Seelsorgerin oder ein Vertreter einer nichtchristlichen Glaubensgemeinschaft. In den Krankenhäusern, Hospizen und Alter- und Pflegeheimen bieten Seelsorgende Gesprächsangebote an, unabhängig von Ihrer Weltanschauung und religiösen Überzeugung.

Auch bei diesem Thema gilt: Sie müssen als Angehörige nicht alles abdecken und zu allem eine Antwort oder Lösung haben. Fragen Sie andere Menschen um Hilfe. Sie können in der Regel den Ihnen nahestehenden Menschen nicht sowohl körperlich pflegen als auch emotional und religiös-spirituell begleiten (siehe auch Kapitel 7).

4.5 Der Einfluss des kulturellen Hintergrundes auf die Pflege und Begleitung

Wir alle haben bestimmte Werte, Überzeugungen und Gewohnheiten. Diese entspringen oft dem Kulturkreis, dem wir entstammen. Es ist sinnvoll, wenn der Arzt und der Pflegedienst um diese grundlegenden Werte, Überzeugungen und Praktiken wissen. Denn nur so können kulturell geprägte Bedürfnisse hinsichtlich Ernährung, Körperpflege, Kleidung, der Teilnahme an wichtigen Feiertagen und Ritualen sowie der (Nicht-)Thematisierung des Sterbens berücksichtigt werden.

Haben Sie oder die von Ihnen betreute Person Schwierigkeiten, die Sprache des Arztes oder des Pflegedienstes zu verstehen, kann ein Dolmetscher engagiert werden. Selbstverständlich können auch Familienmitglieder oder Freunde bei der Übersetzung helfen.

4.6 Die wichtigsten Punkte aus Kapitel 4

- Übernehmen Sie nur die pflegerischen Aufgaben, bei denen Sie sich wohl fühlen.
- Menschen am Lebensende haben vielerlei Symptome wie Schmerzen, Atemnot etc. Es gibt Behandlungsmöglichkeiten, die helfen.
- Viele Schwerkranke haben neben körperlichen auch emotionale und religiös-spirituelle Bedürfnisse.
- Informieren Sie den Arzt und den Pflegedienst über besondere kulturelle Hintergründe.
- Wenn Sie unsicher sind, wie offen Sie mit der von Ihnen betreuten Person über ihre Krankheit reden können, sprechen Sie sich mit einer Vertrauensperson ab.
- Sprechen Sie auch mit dem Arzt, wenn Sie oder die betreute Person sich langanhaltend traurig oder depressiv fühlen oder Sie sich Sorgen um den Ihnen nahestehenden Menschen oder um sich selbst machen.

5 Die Begleitung des nahestehenden, schwer kranken Menschen im Krankenhaus, im Alters- und Pflegeheim oder im Hospiz

5.1 Die verschiedenen Orte in der letzten Lebensphase

Viele Menschen mit einer lebensbedrohlichen Krankheit benötigen Pflege im Krankenhaus, einem Alters- und Pflegeheim oder einem stationären Hospiz. Während einige nur eine kurze Zeit in einer solchen Institution verbringen müssen, benötigen andere einen mehrwöchigen, mehrmonatigen oder sogar mehrjährigen Klinik- oder Heimaufenthalt. Manche Menschen am Lebensende wohnen in einem Alters- oder Pflegeheim. Der Bedarf an pflegerischer Unterstützung wird individuell den Bedürfnissen des Patienten bzw. der Patientin angepasst. In den Alters- und Pflegeheimen ist in der Regel kein Arzt stationär vor Ort, sondern die Bewohner und Bewohnerinnen werden in allen medizinischen Angelegenheiten gewöhnlich von ihrem Hausarzt begleitet.

Auch wenn der Ihnen nahestehende, schwer kranke Mensch im Krankenhaus, Hospiz oder einem Alters- und Pflegeheim betreut wird, können Sie eine aktive Rolle in der Begleitung einnehmen. Nehmen Sie ihre Lieblingsgegenstände von zu Hause mit. Wenn Sie möchten, können Sie auch allein oder zusammen mit Familienmitgliedern oder Freunden einen Teil der Pflege übernehmen. Informieren Sie bitte das Pflegeteam über kulturelle oder religiös-spirituelle Wünsche, sofern es die betroffene Person nicht selbst tun kann. Idealerweise gibt es in der Einrichtung Orte, wo Sie und die betroffene Person sich ungestört und in privater Atmosphäre austauschen können.

Wird die kranke Person zu Hause betreut und geht es ihr zusehends schlechter oder stossen Sie an die Grenzen Ihrer Belastbarkeit, dann ist unter Umständen eine Überweisung in ein Spital oder eine Pflegeeinrichtung angezeigt. Besprechen Sie sich mit dem Arzt oder dem Pflegeteam, vielleicht sind noch nicht alle Unterstützungs- und Entlastungsmöglichkeiten ausgeschöpft. Die Entscheidung kann sehr schwer sein. Haben Sie kein schlechtes Gewissen und grämen oder schämen Sie sich nicht. Der Eintritt in eine Pflegeeinrichtung bedeutet kein Abschieben der kranken Person. Sie werden weiterhin fürsorglich und zugewandt sein, nur jetzt an einem anderen Ort und in anderer Weise.

5.2 Stationäre Aufnahme

Schwer kranke Menschen werden aus den folgenden Gründen in einer Pflegeeinrichtung oder in einem Krankenhaus (eventuell auf einer Palliativstation) aufgenommen:

- Symptom-Behandlung: Manchmal kann es schwierig sein, Symptome wie Übelkeit oder Schmerzen umfassend zu behandeln. Der Vorteil einer Einweisung ist die 24-Stunden-Überwachung und die Möglichkeit, die Behandlung kurzfristig zu ändern. Die Dauer des Aufenthalts kann zwischen Tagen und Wochen variieren, abhängig von der jeweiligen Situation.
- Pflege kurz vor dem Tod: Die von Ihnen betreute schwer kranke Person beschliesst, dass sie nicht zu Hause sterben möchte.
- Eine Auszeit: Hierbei wird die schwer kranke Person für ein paar Tage bis mehrere Wochen stationär aufgenommen, damit Sie als Angehörige wieder neue Kräfte sammeln können.

Viele Einrichtungen verfügen mittlerweile über offene Besuchszeiten. Einige stationäre Einrichtungen bieten sogar Schlafgelegenheiten an, damit Sie über Nacht bleiben können. Wenn Sie, die betroffene Person oder weitere Angehörige denken, dass eine stationäre Einweisung angebracht ist, bitten Sie den Arzt oder den Pflegedienst um Unterstützung.

Wichtig ist: Welche Entscheidung Sie auch immer getroffen haben – sei es für eine Betreuung daheim oder in einer stationären Einrichtung –, sie kann jederzeit wieder rückgängig gemacht und korrigiert werden. Wenn Sie und die von Ihnen betreute Person der Ansicht sind, dass ein

Eintritt in ein Pflegeheim oder ein Hospiz zurzeit für die Betreuung das Beste ist, die betroffene Person später jedoch zu Hause sterben möchte, dann wird man alles Menschenmögliche unternehmen, um diesen Wunsch zu erfüllen.

5.3 Die wichtigsten Punkte aus Kapitel 5

- Reden Sie mit Ihren Angehörigen, Freunden und Bekannten, nachdem die von Ihnen betreute Person in ein Krankenhaus, Hospiz oder in ein Alters- und Pflegeheim aufgenommen wurde. Sie können sich absprechen, wie die weitere Begleitung und Betreuung aussehen soll.
- Sie können Ihre Meinung jederzeit ändern, wenn sich die Situation ändert.
- In Alters- und Pflegeheimen wird in der Regel der Hausarzt der schwer kranken Person für die ärztliche Behandlung verantwortlich sein. Daher kann es sinnvoll sein, mit ihm einen Termin zu vereinbaren, um die medizinische Betreuung zu organisieren.
- Ihre Anwesenheit in der stationären Einrichtung wird begrüsst und geschätzt. Die Besuchszeiten in einem Hospiz und Alters- und Pflegheim sind in der Regel sehr flexibel.
- Wenn Sie glauben, dass die von Ihnen betreute Person von zusätzlicher palliativmedizinischer Unterstützung (z.B. für die Schmerztherapie) profitieren würde, zögern Sie nicht, danach zu fragen.
- Wenn der Tod naht, stellen Sie sicher, dass die Wünsche der von Ihnen betreuten Person respektiert werden (Aufenthaltsort, Behandlung, religiös-spirituelle Wünsche, Stichwort Patientenverfügung und Vorsorgeauftrag).

6 Die letzten Dinge regeln: Patientenverfügung, Vorsorgeauftrag, Testament und Wünsche für die Beerdigung

Im sechsten Kapitel wird die Regelung der letzten Dinge angesprochen. Auch wenn wir im Prinzip wissen, dass wir jederzeit sterben könnten: Wenn wir uns gesund fühlen, beschäftigen wir uns nur ungern mit Angelegenheiten wie dem eigenen Testament oder mit der Frage, wer in unserem Auftrag handeln soll, wenn wir nicht für uns selbst entscheiden können. Die schriftliche Regelung dieser Fragen ist mit einem gewissen Aufwand verbunden, der abschreckend wirken kann. Sie trägt jedoch dazu bei, dass wichtige Entscheidungen am Lebensende gemäss dem Willen und den persönlichen Vorstellungen der von Ihnen betreuten Person getroffen werden.
Sowohl die Patientenverfügung als auch der Vorsorgeauftrag sind Instrumente des neuen Erwachsenenschutzrechts. Selbstverständlich ist niemand verpflichtet, eine Patientenverfügung oder einen Vorsorgeauftrag zu verfassen. Ist eine schwer kranke Person jedoch urteilsunfähig und kann nicht mehr selber für sich entscheiden, müssen ohne eine entsprechende Regelung entweder die nahen Angehörigen oder ein von der Erwachsenenschutzbehörde eingesetzter Beistand die wichtigen Entscheidungen am Lebensende treffen. Es kann deshalb sinnvoll sein, für den Fall der eigenen Urteilsunfähigkeit selber vorzusorgen.

6.1 Die Patientenverfügung

In einer Patientenverfügung kann eine Vertrauensperson bezeichnet werden, die die anstehenden medizinischen Entscheidungen treffen soll, wenn der schwer kranke Patient selber nicht mehr dazu in der Lage ist. Diese Person hat dann die Befugnis, dessen Wünsche in Bezug auf die Dauer des Krankenhausaufenthalts oder auf unerwünschte medizinische Eingriffe wie lebensverlängernde Massnahmen durchzusetzen. Es ist für die Vertrauensperson wichtig zu wissen, wie die ihr nahestehende, schwer kranke Person sterben möchte. Daher sollte frühzeitig mit der Vertrauensperson über die eigenen Wünsche und Vorstellungen gesprochen werden. Eine Patientenverfügung kann mithelfen, die folgende Situation zu vermeiden:

«Papa hatte eine Angina Pectoris Attacke mitten in der Nacht. Um 1 Uhr in der Nacht erhielt ich den Anruf von der Pflegerin und sie fragte mich, ob ich wolle, dass er ins Krankenhaus gebracht wird. Ich war nur halb wach, aber ich sagte Nein, überzeugt, dass Papa das nicht gewollt hätte. Aber dann habe ich den Rest der Nacht wach gelegen und mich gefragt, ob ich die richtige Entscheidung getroffen hatte.»

In einer Patientenverfügung kann aber nicht nur eine Vertrauensperson bezeichnet, sondern auch direkt festgehalten werden, welche medizinischen Massnahmen gewünscht oder abgelehnt werden. Es ist zudem sinnvoll, die eigenen Wünsche, Ängste, Werte und persönlichen Einstellungen bezüglich Gesundheit und Krankheit zu beschreiben. Patientenverfügungen können mithelfen, Meinungsverschiedenheiten innerhalb einer Familie vorzubeugen, wie der folgende Fall zeigt:

«Frau A. wurde zu Hause durch einen Pflegedienst betreut. In ihren letzten Lebenstagen hatte sie schwere Atembeschwerden. Eine Tochter wollte den Krankenwagen rufen und sie ins Krankenhaus schicken; die andere Tochter fand die Patientenverfügung, worin Frau A. erklärte, dass sie zu Hause sterben möchte. Eine Mitarbeiterin des Pflegedienstes kam notfallmässig vorbei und konnte Frau A. nach Rücksprache mit dem Arzt ein Medikament verabreichen, welches ihre Angst beruhigte und ihre Atemnot linderte. Sie starb einige Stunden später friedlich zu Hause.»

Wichtig ist, dass die Patientenverfügung genügend konkret formuliert ist und aktuell gehalten wird. Es ist empfehlenswert, vor dem Abfassen einer Patientenverfügung mit einem Arzt das Gespräch zu suchen, damit die Wünsche bezüglich medizinischer Massnahmen möglichst klar aus ihr hervorgehen und keine Missverständnisse entstehen. Denken Sie zudem daran: Die Patientenverfügung kann jederzeit wieder abgeändert werden und gilt nur, wenn die betroffene Person sich nicht mehr klar äussern kann. Die Patientenverfügung muss schriftlich abgefasst sein sowie datiert und unterschrieben werden. Es ist sinnvoll, eine Kopie der Patientenverfügung dem Hausarzt, bzw. der Hausärztin sowie der Vertrauensperson zu übergeben.

6.2 Der Vorsorgeauftrag: Entscheidungen treffen im Namen der betreuten Person

Manchmal gibt es Situationen, in denen die schwer kranke Person ihren Willen nicht mehr eindeutig zum Ausdruck bringen kann (Urteilsunfähigkeit). Um solchen Situationen vorzubeugen, kann die von Ihnen betreute Person einen Vorsorgeauftrag aufsetzen. Dieser ist nur während der Zeit der Urteilsunfähigkeit gültig. Im Vorsorgeauftrag können beispielsweise Fragen der Personensorge (z.B. wer über medizinisch-pflegerische Massnahmen entscheiden darf), der Vermögenssorge (z.B. wer sich um die finanziellen Angelegenheiten kümmern soll) oder des Rechtsverkehrs (z.B. wer im Namen der Person befugt ist, Verträge abzuschliessen) geklärt werden. Der Vorsorgeauftrag muss von Anfang bis Ende eigenhändig handschriftlich verfasst und mit Ort, Datum und Unterschrift versehen werden. Wenn Sie den Vorsorgeauftrag nicht selbst schreiben möchten, kann Sie auch ein Notar beraten und den Vorsorgeauftrag für Sie aufsetzen. Der Auftrag wird dann sogenannt «öffentlich beurkundet». Selbstverständlich kann der Vorsorgeauftrag jederzeit verändert oder annulliert werden. Verheiratete oder in eingetragener Partnerschaft lebende Personen, die im gleichen Haushalt wohnen oder einander regelmässig und persönlich

Beistand leisten, können einander zudem auch ohne Vorsorgeauftrag vertreten, ausser bei ausserordentlichen Vermögensgeschäften (z.B. bei einem Immobilienverkauf).

6.3 Das Schreiben eines Testaments

Obwohl das Verfassen eines Testaments emotional aufwühlend sein kann, hilft es der kranken Person oft, wenn die Familie weiss, dass die Finanzangelegenheiten über den Tod hinaus geklärt und geregelt sind. Ein Testament können Sie bei einem Notar errichten lassen oder ein von Anfang bis Ende eigenhändig handschriftlich verfasstes Dokument aufsetzen und mit Ort, Datum und Ihrer Unterschrift versehen.

6.4 Wünsche für die Beerdigung

Schwer kranke Menschen haben oftmals Wünsche und Vorstellungen hinsichtlich ihrer Beerdigung und möchten auch diese Dinge regeln. Hilfreich für die Angehörigen ist es beispielsweise zu wissen, ob die verstorbene Person sich zu Lebzeiten geäussert hat, ob sie aufgebahrt werden möchte, eine Erd- einer Feuerbestattung vorzieht und ob sie lieber ein eigenes Grab wünscht oder in einem Gemeinschaftsgrab beigesetzt werden möchte. Auch Wünsche hinsichtlich der Gestaltung der Abdankungsfeier (Ort, Form, Musik, Texte) können Angehörigen mitgeteilt werden.

Für Menschen mit einem Migrationshintergrund kann es wichtig sein, dass die verstorbene Person in ihr Heimatland zurückgeführt wird. Wenn Sie und Ihre Familie dies möchten, denken Sie daran: Eine Rückführung ist mit grösseren finanziellen Auslagen verbunden. Zudem gibt es Vieles zu organisieren und die Rückführung benötigt Zeit. Ein Bestattungsunternehmen wird Sie bei der Organisation unterstützen. Findet die Beerdigung hingegen in der Schweiz statt, ist daran zu denken, dass möglicherweise Freunde und Bekannte aus dem Ausland mit dabei sein möchten. Bitte denken Sie daran, mögliche administrative Hürden frühzeitig anzugehen (z.B. Organisation von Dokumenten zur Einreise).

6.5 Die wichtigsten Punkte aus Kapitel 6

- Wenn die von Ihnen betreute Person eine Patientenverfügung oder einen Vorsorgeauftrag besitzt, klären Sie ab, wo sich diese Dokumente befinden und bitten Sie gegebenenfalls um eine Kopie.
- Wenn Sie als Angehöriger oder in der Patientenverfügung bezeichnete Vertrauensperson den schwer kranken Menschen bei medizinischen Entscheidungen vertreten sollen, so suchen Sie rechtzeitig das Gespräch, damit Sie seine persönlichen Wünsche und Vorstellungen kennen (z.B. Wunsch, zu Hause zu sterben, Verzicht auf bestimmte intensivmedizinische Massnahmen, Wunsch nach wirksamer Schmerzbekämpfung bis hin zur palliativen Sedierung usw.).
- Sie können sich bei Unsicherheiten bezüglich des Verfassens eines Testaments von einem Notar beraten lassen.
- Trauerfeierlichkeiten können bei Bedarf vorbesprochen werden. Damit vermeiden Sie, dass Sie unvorbereitet kurz nach dem Tod schwierige Entscheidungen treffen müssen. Bei Unsicherheiten und Fragen wenden Sie sich an einen Seelsorger oder eine Seelsorgerin.

7 Die Begleitung unmittelbar vor dem Tod und die Zeit der Trauer

In diesem Kapitel wird beschrieben, was Sie in den letzten Lebenstagen des von Ihnen betreuten schwer kranken Menschen erwartet. Vielleicht ist das Lesen dieses Kapitels für Sie besonders schwierig, da das Thema Sie sehr traurig oder hilflos macht. Nehmen Sie sich die Zeit, die Sie brauchen und fragen Sie bei Ihrem Arzt oder dem Pflegedienst nach, wenn Sie irgendwelche Fragen haben.

7.1 Tod und Sterben in unserer Gesellschaft

Sich über den eigenen Tod und das eigene Sterben zu unterhalten, kann sehr schwer sein. Nach wie vor sind der Tod und unser Umgang damit ein Tabu in unserer Gesellschaft. Während andere wichtige Lebensereignisse wie die Geburt eines Kindes, der Kauf eines neuen Hauses oder eine berufliche Beförderung in der Regel durch unser Umfeld rege kommentiert und besprochen werden, ringen viele Menschen beim Thema Tod und Sterben um Worte, sind sprachlos oder versuchen, dem Thema – und damit manchmal auch den sterbenden und trauernden Menschen – aus dem Weg zu gehen.
Diese Entwicklung hat wohl auch damit zu tun, dass heute die meisten Menschen im Alters- und Pflegeheim oder im Krankenhaus sterben und so die Gesellschaft nur noch am Rande mit dem Thema konfrontiert wird. Zudem hat die religiöse Pluralisierung und der Rückzug des Religiösen ins Private dazu geführt, dass wir keine gemeinsame Sprache mehr haben, um uns über den Tod, das Sterben und das, was nachher kommt, auszutauschen.
Wichtig ist: Es gibt kein «richtiges» oder «falsches» Sterben. Jeder und jede stirbt einen ganz persönlichen, individuellen (und hoffentlich friedlichen) Tod. Nichts desto trotz sollten wir uns gerade in unserer Leistungsgesellschaft hüten, auch noch im Tod und Sterben eine «Leistung» vollbringen zu müssen – in dem Sinne, dass nur, wer sich

mit sich selber und seinem Umfeld versöhnt hat, «gut» oder «richtig» sterben kann. Manches Sterben bleibt «unabgeschlossen», jenseits von idealen Vorstellungen und Wünschen. Genauso, wie wir uns auch in unserem Leben immer wieder nur bruchstückhaft einem «Ideal» annähern können.

7.2 Das Warten auf den Tod

Manche betreuende Angehörige warten förmlich auf den Tod. Irgendwann kommen sie an einen Punkt, wo sie den Eindruck haben, dass es jetzt reicht, wie das folgende Beispiel illustriert:

> *«Ich wollte nur noch, dass es vorbei ist. Ich war todmüde und, um ehrlich zu sein, hatte ich einfach genug. Es ist verdammt anstrengend, was ich tagtäglich tue: Waschen, Medikamente, das Haus, Arztbesuche und beim Duschen helfen. Aber dann bekam ich ein schlechtes Gewissen; ich sollte nicht so denken.»*

Andere Angehörige denken genau das Gegenteil: «Ich will nicht, dass er stirbt». Sie finden, es wäre unfair, allein im Leben zurückzubleiben, das Leben allein weiterleben zu müssen.

Welche Gedanken Ihnen auch durch Ihren Kopf gehen, vergessen Sie nie: Sie müssen kein schlechtes Gewissen haben wegen dieser Gedanken. Sie sind in dieser für Sie sehr anstrengenden Zeit völlig normal.

Auch schwer kranke Patientinnen und Patienten haben manchmal den Wunsch, dass «es zu Ende ist». Sie haben vielleicht den Eindruck, ihrem Umfeld nur noch eine Last zu sein. Es ist ihnen langweilig, tage-, wochen- oder monatelang das Bett zu hüten. Sie fühlen sich abgeschnitten vom Rest der Welt, der Krankheit ausgeliefert. Sie haben womöglich ein schlechtes Gewissen, dass sie so viel Zeit und Zuwendung von andern benötigen.

7.3 Der Sterbeort

Dreiviertel aller Schweizerinnen und Schweizer möchten gemäss einer Umfrage im Auftrag des Bundesamtes für Gesundheit (BAG) zu Hause sterben. Wenn Sie und die von Ihnen betreute Person dies auch möchten, werden Sie der Arzt und der Pflegedienst dabei unterstützen. In einigen Fällen wird es jedoch nicht möglich sein, diesem Wunsch zu entsprechen, zum Beispiel, wenn sich die Symptome am Lebensende nur sehr schwer zu Hause behandeln lassen.

Manche Patientinnen und Patienten und ihre Angehörigen vermeiden es, über dieses Thema zu sprechen. Es ist für alle Beteiligten einfacher, wenn Sie wissen, wo die von Ihnen betreute Person am liebsten sterben möchte. Es ist für Sie auch hilfreich zu wissen, wer beim Sterben zugegen sein soll (z.B. eine bestimmte Person, alle Familienangehörigen ringsum). Es gibt auch Menschen, die lieber alleine sterben möchten. Wenn immer möglich, sollte der Sterbende die Möglichkeit haben, «seinen» Tod zu sterben. Sprechen Sie das Thema mit aller Sensibilität und Einfühlsamkeit an; unter Umständen müssen Sie auf Ihr Bauchgefühl hören, wann der richtige Zeitpunkt für diese Klärung gekommen ist. Wenn Sie das Thema nicht ansprechen wollen oder können, bitten Sie den Arzt oder den Pflegedienst, Sie dabei zu unterstützen.

Auch wenn Sie und die von Ihnen betreute Person eine Idealvorstellung vom richtigen Sterbeort haben – diese Vorstellung ist nicht definitiv und kann sich jederzeit wieder ändern, je nachdem wie sich die Krankheitssituation und die Umstände entwickeln. Versprechen Sie der von Ihnen betreuten Person daher nicht, dass Sie an diesem oder jenem Ort sterben kann. Möglicherweise wird es Ihnen nicht möglich sein, Ihr Versprechen einzuhalten.

7.4 Wie lange noch?

Oft möchten die Angehörigen wissen, wie sich die Krankheit entwickelt und wie lange es dauert, bis der Patient bzw. die Patientin stirbt. Diese Antwort kann Ihnen niemand exakt beantworten. Der behandelnde

Arzt wird vielleicht eine ungefähre Zeitspanne angeben können, doch die Erfahrung zeigt, dass diese Werte mit äusserster Vorsicht zu betrachten sind. Manchmal geht es schneller als gedacht, manchmal lebt die betroffene Person viel länger als prognostiziert. Versuchen Sie es zu vermeiden, über die Frage «Wie lange noch?» zu grübeln. Verwenden Sie stattdessen die verbleibende Zeit, um gemeinsame kostbare Momente miteinander zu erleben, so wie diese Angehörige:

> *«Uns wurde vor Monaten gesagt, dass es nur eine Frage von Monaten ist, und aus irgendeinem Grund hatte ich Oktober oder November im Kopf. Und jetzt haben wir Januar und ihr geht es immer noch gut. Manchmal lache ich darüber und manchmal weiss ich nicht, was ich darüber denken soll. Aber die meiste Zeit denke ich: ‹Geniess es einfach›.»*

7.5 Religiös-spirituelle Begleitung am Lebensende

Vielleicht werden religiös-spirituelle Fragen am Lebensende nochmals drängender. So tauchen bei einigen Menschen Fragen auf wie «Warum gerade ich?» oder «Was geschieht nach dem Tod?». Sie können sich mit diesen Fragen gerne an einen Seelsorger oder eine Seelsorgerin Ihrer Glaubensgemeinschaft wenden. Je nach Wunsch der von Ihnen betreuten Person wird z.B. ein Priester die Krankensalbung spenden, ein Beichtgespräch führen oder sie segnen. Einigen Menschen ist es wichtiger, diese Fragen mit einer Vertrauensperson, einem Freund oder Familienmitglied zu besprechen. Zusätzlich zum Angebot eines Gespräches gibt es unzählige Bücher zum Thema.

Vielleicht ist das Pflege- und Betreuungsteam mit dem religiös-spirituellen oder kulturellen Hintergrund der von Ihnen betreuten Person unvertraut. Teilen Sie daher dem Pflegeteam mit, wenn besondere Wünsche für die Sterbephase bestehen (z.B. wenn jemand den sterbenden Menschen oder den Verstorbenen nicht berühren soll oder wie der Verstorbene gebettet werden soll).

7.6 Woran erkennt man, dass der nahestehende, schwer kranke Mensch stirbt?

Hinweise, dass die von Ihnen betreute, schwer kranke Person innerhalb der nächsten Tage oder Wochen sterben wird, lassen sich daran erkennen, dass mehr als die Hälfte der folgenden Anzeichen vorhanden sind:

- Sie verbringt den grössten Teil des Tages im Bett.
- Sie ist unfähig, ohne Hilfe vom Bett zum Stuhl zu gelangen.
- Sie hat Schwierigkeiten beim Schlucken fester Nahrung.
- Sie schläft viel länger als gewöhnlich.
- Sie redet nicht viel.
- Gelegentlich ist sie verwirrt bezüglich der Tageszeit, der Vergangenheit oder in Bezug auf Menschen.
- Sie ist unruhig.
- Sie ist nicht in der Lage mitzuteilen, dass sie auf die Toilette gehen muss.
- Ihre Atmung verändert sich, längere Atempausen sind möglich.

Oft werden Sie mehrere der oben beschriebenen Anzeichen erkennen können. Manchmal tritt der Tod jedoch auch plötzlich, ohne Vorzeichen, ein.

7.7 Die Betreuung in der letzten Lebensphase

7.7.1 Das Vorbereiten des Ortes der letzten Lebensphase

Wenn Sie die sterbende Person daheim begleiten:

- Nutzen Sie ein Zimmer, von dem aus die Toilette oder das Bad gut erreichbar ist.
- Stellen Sie das Bett (oder die Couch) so hin, dass der Patient, bzw. die Patientin das Fenster oder ein Lieblingsbild sehen kann. Schlafen Sie mit ihm oder ihr im Doppelbett, können Sie das weiterhin tun. Allerdings kann ein Einzelbett oder ein Pflegebett die körperliche Pflege vereinfachen. Falls gewünscht, stellen Sie ein Radio oder den Fernseher ins Zimmer.

- Stellen Sie einen Sessel auf für sich selbst und für Besucherinnen und Besucher.
- Stellen Sie einen Tisch ins Zimmer, auf dem Getränke oder Handtücher abgelegt werden können.
- Verwenden Sie bei Bedürfnis und Wunsch Kerzen oder Duftkerzen.

7.7.2 Das Unausgesprochene ansprechen

«Ich wünschte, ich hätte» oder «Ich werde immer bedauern, dass ich nicht...»: Keiner von uns macht alles jederzeit richtig und perfekt. Es gibt immer etwas, was wir im Nachhinein bedauern, getan oder nicht getan zu haben. Wenn Sie unsicher sind, ob Sie während der Begleitung des von Ihnen betreuten, schwer kranken Menschen Dinge versäumt haben, die noch erledigt werden sollten, fragen Sie ihn ruhig von Zeit zu Zeit: «Gibt es noch etwas anderes, das du möchtest, während noch Zeit ist?». Oder: «Hast du etwas auf dem Herzen, über das wir nicht gesprochen haben?». Auch der Humor darf in solchen Situationen mitspielen, z.B.: «Okay! Ich habe Stift und Papier. Was sind deine Anweisungen?».

7.7.3 Kinder einbeziehen?

Wenn sich Kinder in der Familie befinden, sollten sie die Möglichkeit erhalten, den sterbenden Menschen zu sehen, mit ihm zu sprechen, ihn zu berühren und sich von ihm zu verabschieden. Allerdings sollten Kinder nicht zum Kontakt gezwungen werden. Informieren Sie die Kinder in einer kindgerechten Sprache über die Situation und erklären Sie ihnen, was sie erwartet (z.B. was sie sehen und hören werden). Es gibt auch Kinderbücher, die sich mit dem Thema Tod und Sterben auseinandersetzen. Insgesamt gilt es, die Situation zu «normalisieren», wie das folgende Beispiel zeigt:

> *«Es war Freitagabend und die Familie wusste, dass der Tod ihres Vaters in Kürze erfolgen würde. Da sie wusste, dass der Vater*

jeden Freitagabend ‹Fish and Chips› ass, holten sie die Enkelkinder rein, setzten sich um das Bett, hörten seine Lieblingsmusik, assen ‹Fish and Chips› und unterhielten sich wie gewohnt über den vergangenen Tag. Der Vater öffnete die Augen, lächelte jeden zustimmend an und starb ein paar Minuten später.»

7.7.4 Die Pflege in der letzten Lebensphase und der Phase des Sterbens

Auch in der letzten Lebensphase hat der von Ihnen betreute, schwer kranke Mensch noch Ziele, Wünsche und Träume, die je nach körperlicher Situation angepackt werden können – auch wenn es sich oft nur um kleine Anliegen wie das Schreiben einer Karte, einen Anruf oder das Sortieren von persönlichen Gegenständen handelt.

Nachfolgend einige praktische Ratschläge für die Betreuung in der Sterbephase:

- Probleme beim Schlucken von Nahrungsmitteln und Flüssigkeiten: Der Pflegedienst wird mit dem Arzt und Ihnen entscheiden, bis wann es sicher und vernünftig ist, feste Nahrung oder Getränke anzubieten. Versuchen Sie auf keinen Fall, feste Nahrung aufzuzwingen, da die betroffene Person daran ersticken kann. Es ist für Sie vielleicht sehr schwer, mit anzusehen, dass sie weder isst noch trinkt. Es handelt sich dabei um das natürliche «Programm» des Körpers in der Sterbephase. Wichtig ist, dass der Mund und die Lippen feucht bleiben, beispielsweise mithilfe von Feuchtigkeitscremes auf den Lippen oder von wenig Wasser, das mit einem Teelöffel oder einem Watteträger verabreicht wird. Einige Patientinnen und Patienten finden das Saugen an einem aromatisierten Eiswürfel sehr erfrischend. Sie können dazu ganz einfach Fruchtsäfte in Eiswürfelbehältern einfrieren. In einigen Fällen kann ein spezielles Gerät verwendet werden, das Flüssigkeit unter die Haut abgibt. Diese Vorrichtung («subkutane Hydratation») ist jedoch nur in Ausnahmesituationen angezeigt.

- Verabreichen von Medikamenten: Falls Medikamente nicht mehr oral (d.h. über den Mund) aufgenommen werden können, gibt es andere Formen der Verabreichung, beispielsweise über eine Medikamentenpumpe. Diese kleine Maschine spritzt das Medikament über einen Schlauch mit einer kleinen Nadel unter die Haut. Die Spritze der Maschine wird nach Bedarf vom Pflegedienst gewechselt. Die Maschine ist einfach zu bedienen und der Pflegedienst wird sie Ihnen erläutern. Einige Arzneimittel werden in der Phase des Sterbens komplett abgesetzt, beispielsweise Herz- oder Blutdruckmedikamente, die die sterbende Person eventuell jahrelang genommen hat.
- Für Wohlbefinden sorgen: Die von Ihnen betreute, sterbende Person sollte möglichst bequem liegen können. Eventuell ist sie nicht in der Lage, Ihnen zu sagen, wie es für sie am bequemsten ist. Wenn sie stöhnt oder das Gesicht verzieht, können dies Zeichen von Unbehagen sein. Ändern Sie ihre Position ein wenig, geben Sie ihr eine leichte Fuss-, Hand- oder Schultermassage und legen Sie entspannende Musik auf. Bei durch das Liegen verursachten Schmerzen werden der Arzt und der Pflegedienst sicherstellen, dass ein schmerzlinderndes Medikament zur Verfügung steht. Lassen sich die Schmerzen nicht lindern, rufen Sie den Arzt oder den Pflegedienst an. Diese können versuchen, Druckentlastung herbeizuführen. Dazu wird die Position der betroffenen Person alle vier bis sechs Stunden leicht geändert. Eine regelmässige Positionsänderung über Nacht ist in der Regel nicht nötig. Hilfreich kann auch eine druckentlastende Matratze sein, um Druckstellen zu vermeiden.
- Hygienische Massnahmen: Oft muss man die sterbende Person nicht jeden Tag vollständig waschen, es genügt regelmässiges Waschen des Gesichts und der Hände. Das Waschen geht einfacher und ist für die betroffene Person erträglicher, wenn sie locker sitzende Kleidung trägt.
- Verlust der Blasen- und Darmkontrolle: Manche Sterbende werden inkontinent, d.h. sie verlieren die Kontrolle über ihre Blasen- und

Darmfunktionen. Einlagen helfen, dass sie auch weiterhin angenehm liegen können. Da Sterbende in der Regel nur noch kleine Mengen an Flüssigkeit zu sich nehmen, sinkt entsprechend auch die Menge an Urin und Stuhlgang. Gleichzeitig gilt es eine Verstopfung zu vermeiden. Diese kann sich sonst zu einem ernsthaften, mit Schmerzen verbundenen Problem entwickeln.

- Atmen: Das Atemmuster von Sterbenden kann sich verändern. Manchmal hat man den Eindruck, als ob der Atem für lange Zeit stillstehen würde. Oder die Atmung ist laut und «rasselt» (man spricht hier auch von der Rasselatmung). Dies liegt daran, dass Sterbende ihren Speichel nicht mehr schlucken können. Die Rasselatmung ist wahrscheinlich für die Betroffenen kein Problem. Es gibt zudem Medikamente, die lindernd wirken. Bei Atemproblemen können Sie ein Fenster öffnen, einen Ventilator aufstellen oder der von Ihnen betreuten Person helfen, ihre Position zu ändern. Auch kann es hilfreich sein, die Kopfseite des Bettes anzuheben. Eine Sauerstoffzufuhr über eine Atemmaske ist in den meisten Fällen nicht nötig. Der Arzt oder der Pflegedienst wird den Bedarf an zusätzlichem Sauerstoff klären.
- Bewusstsein: Sterbende können immer wieder bewusstlos werden oder in einen tiefen Schlaf fallen und lange Zeit nicht aufwachen. In anderen Momenten scheinen sie hellwach zu sein. Sie sprechen normalerweise wenn überhaupt nur wenig und manchmal machen die Kommentare für Aussenstehende wenig Sinn. Sprechen Sie mit der sterbenden Person klar und direkt und kommunizieren Sie die Tageszeit. Korrigieren Sie scheinbar «wirre Aussagen» nicht. Halten Sie den Raum wenn möglich tagsüber hell, indem Sie die Rollläden oder Fensterläden geöffnet lassen.
- Unruhe: Einige Sterbende sind unruhig. Sie können rufen oder stöhnen, zucken mit den Muskeln oder sind nervös. Wenn Sie solche Symptome beobachten, sprechen Sie mit dem Arzt oder dem Pflegedienst darüber. Sie können helfen, diese Unruhe zu dämpfen. Even-

tuell hilft auch eine sanfte Massage oder eine Veränderung der Position. Achten Sie darauf, dass es der sterbenden Person unter ihrer Bettdecke nicht zu heiss wird.

- Dasein in den letzten Stunden: Ist der Tod absehbar, sollten Sie von Zeit zu Zeit einfach bei der sterbenden Person sitzen. Sie können sie auch umarmen, sie küssen, mit ihr reden, etwas vorlesen, in Erinnerungen schwelgen, die Hände halten oder Musik hören, je nachdem, was in der Situation für alle Anwesenden stimmig ist. Die sterbende Person wird immer wieder ihr Bewusstsein verlieren. Auch wenn es so aussieht, als ob sie tief schlafen würde, ist es in Ordnung, mit ihr zu sprechen, da sie Sie oft noch hören kann, wie das folgende Beispiel zeigt:

  «Ich sagte ihr, dass es in Ordnung sei, zu gehen, sie brauche nicht auf mich zu warten. Wissen Sie, ich glaube, sie konnte mich wirklich hören. Sie schien friedlicher zu sein, nicht mehr so unruhig, und ein paar Stunden später starb sie.»

7.7.5 Der Zeitpunkt des Todes und der Abschied

Wann genau der Tod eintritt, liegt ausserhalb unserer Kontrolle. Bei Menschen, die palliativ begleitet werden, insbesondere bei älteren Patientinnen und Patienten mit chronischen Krankheiten, ist der Krankheits- und Sterbeprozess mehr oder weniger vorhersehbar. Während mehreren Monaten rückt der Tod in vielen kleinen Veränderungen Schritt um Schritt näher. Der Tod kann jedoch auch plötzlich und unvermittelt eintreten, was bei Bezugspersonen oft unbeantwortete Fragen hinterlässt wie «Was war die Todesursache?», «Hat er/sie gelitten?» oder «Hätte man den Tod verhindern können?».

Einige Angehörige sind traurig, wenn der Tod gerade zu dem Zeitpunkt eingetreten ist, als sie den Raum verlassen haben, um einige Minuten Pause zu machen, sich zu duschen oder einen kurzen Spaziergang zu unternehmen. Doch sie können nicht jede Minute des Tages oder der

Nacht bei dem von ihnen begleiteten, sterbenden Menschen verbringen. Und manche Sterbende «wählen» (vielleicht) unbewusst auch genau einen Moment zum Sterben aus, in dem sie alleine sind.
Wenn Sie jederzeit damit rechnen müssen, dass der von Ihnen begleitete Mensch stirbt, möchten Sie ihm vielleicht noch einige Dinge sagen. Tun Sie das. So können Sie auch ruhig das Zimmer für einige Momente verlassen. Kein mulmiges Gefühl wird Sie nun begleiten, falls er gerade jetzt sterben sollte. Verabschieden Sie sich von dem Ihnen nahestehenden Menschen, so oft Sie möchten.
Wenn der Tod naht, ist es gut, sehr nahe Verwandte und Freunde zu kontaktieren. Das kann aber auch jemand für Sie übernehmen.

7.8 Der Tod ist eingetreten – was muss man nun tun?

Ist ein Mensch gestorben, hört seine Atmung auf: Der Brustkorb bewegt sich nicht mehr. Das Herz hat aufgehört zu schlagen, man fühlt beim Handgelenk oder an der Halsseite keinen Pulsschlag mehr. Die Augen und der Mund der verstorbenen Person können offen sein. Wenn Sie den Eindruck haben – Sie müssen sich nicht sicher sein –, dass die von Ihnen betreute Person tot ist, rufen Sie den Arzt oder den Pflegedienst an.
Ein toter Mensch verändert sich. Er erscheint blass, die Hände und Füsse sind kühl, weil kein Blut mehr zirkuliert. Der Kiefer kann leicht absinken, wenn sich die Muskeln entspannen. Es kann Urin oder Stuhlgang ausgeschieden werden. Es kommt auch vor, dass Luft aus der Lunge entweicht, wenn die Position des Toten verändert wird. Das klingt, wie wenn die verstorbene Person ausatmet oder seufzt.
In der Regel werden (halb-)offene Augen geschlossen. Vielleicht möchten Sie dies selbst tun. Nach Möglichkeit wird ein künstliches Gebiss eingesetzt. Der Mund kann mit einem gerollten Handtuch unter dem Kinn geschlossen werden. Legen Sie die verstorbene Person auf den Rücken. In den ersten Stunden nach dem Todeseintritt setzt die Totenstarre ein.

Sie werden nun möglicherweise von einer Flut verschiedenster Gefühle und Emotionen heimgesucht. Vielleicht werden einige dieser Gefühle Sie auch überraschen, beispielsweise das Gefühl der Erleichterung, der Freude, des inneren Friedens («endlich ist sein/ihr Leidensweg vorbei»), der Wut («warum hat er/sie mich verlassen?») oder der Scham. Oft sind Sie wahrscheinlich traurig, fühlen sich wie taub und die Welt kommt Ihnen irreal und verstörend vor. Die beschriebenen Gefühle können sich rasend schnell abwechseln. Welche Sie erleben und wie, kann niemand vorhersagen, denn diese Gefühle sind von Mensch zu Mensch unterschiedlich.

Das Wichtigste ist: Es gibt nun keine Eile mehr. Umarmen Sie die verstorbene Person, geben Sie ihr einen Abschiedskuss, halten Sie ihre Hand, sprechen Sie mit den anwesenden Menschen. Vielleicht möchten Sie jemand anderen bitten, die nahen Verwandten und Freunde über den Tod zu informieren, wenn dies für Sie einfacher ist. Je nach Ihren persönlichen spirituell-religiösen Überzeugungen können Sie auch einen Seelsorger oder eine Seelsorgerin anrufen.

Ist die von Ihnen begleitete Person zu Hause verstorben, rufen Sie den Arzt an. Dieser stellt die Sterbeurkunde (Todesbescheinigung) aus. Ob der Arzt Sie gleich besucht, wird von der Tageszeit, seinen Möglichkeiten und Ihren Wünschen abhängen. Klären Sie im Vorfeld mit dem Hausarzt, ob er auch in der Nacht kontaktiert werden will. Falls nicht, erkundigen Sie sich rechtzeitig nach dem örtlichen Pikettdienst.

Denken Sie daran: Sie entscheiden, wann ein Bestattungsunternehmen den Leichnam abholen soll, sei dies so schnell wie möglich, d.h. noch am selben Tag oder erst später. Manche Familien möchten die verstorbene Person bei sich zu Hause aufbahren, damit weitere Bekannte und Freunde sich von ihr verabschieden können. Dies ist in der Schweiz maximal drei Tage lang möglich. Das Bestattungsunternehmen kann Sie hierbei beraten und unterstützen.

Manche Angehörige möchten, dass die verstorbene Person gewaschen und ihr die Lieblingskleidung angezogen wird. Auch hierbei werden Ihnen der Pflegedienst oder die Mitarbeitenden des Bestattungsunternehmens helfen.

Ist der Tod zu Hause eingetreten, nehmen Sie sich Zeit zu überlegen, was sofort entfernt werden soll (z.B. technische Geräte) und was für den Moment bleiben soll, wie es ist. Sprechen Sie sich dabei wenn möglich mit anderen nahestehenden Menschen ab. Einige Menschen denken, dass ihnen das rasche Entfernen von persönlichen Gegenständen hilft, über den Verlust hinwegzukommen, andere können es nicht ertragen, nur einen einzigen Gegenstand der verstorbenen Person zu berühren. Wichtig für Sie ist: Überstürzen Sie keine Entscheidungen, nehmen Sie sich genügend Zeit, sprechen Sie mit Menschen über das weitere Vorgehen, denen Sie vertrauen. Möglicherweise gibt es einige Gegenstände, die für Sie keine emotionale Bedeutung haben und recht schnell entfernt werden können, während andere Dinge tiefe Erinnerungen wecken, sodass Sie sie Ihr Leben lang behalten möchten. «Ich werde später darüber nachdenken» kann ein effektiver Weg sein, sich die notwendige Zeit zu geben.

Wenn der Tod im Krankenhaus oder im Alters- und Pflegeheim eingetreten ist, können Sie auch dort mithelfen, den Verstorbenen zu waschen und anzukleiden, wenn Sie dies möchten. Sie können auch verlangen, dass Sie und andere nahestehende Menschen eine Zeit der Zweisamkeit und Ungestörtheit erhalten. Wenn sich weitere Familienangehörige oder Freunde der verstorbenen Person verabschieden möchten, fragen Sie nach, wie und wo sie dies am einfachsten tun können.

Fragen Sie eine verantwortliche Person, wie mit den persönlichen Gegenständen umgegangen werden soll. Sie können beispielsweise die Kleider selber sortieren, einpacken oder wegwerfen, oder Sie lassen sich durch einen Mitarbeitenden dabei unterstützen. Das Sortieren der persönlichen Gegenstände kann für Sie ein wichtiger Akt sein, das Leben der verstorbenen Person und all das, was ihr Leben ausmachte, nochmals Revue passieren zu lassen. Es ist selbstverständlich auch möglich, dass die Mitarbeitenden die Dinge sortieren und einpacken.

Wofür auch immer Sie sich entscheiden, beteiligen Sie sich an der Entscheidungsfindung.
Sie müssen den Todesfall (innerhalb von zwei Tagen) beim Zivilstandsamt melden und zwar an jenem Ort, an dem die Person verstorben ist. Nehmen Sie die Sterbeurkunde (Todesbescheinigung), die Identitätskarte/den Pass, den Schriftenempfangsschein, das Familienbüchlein (wenn verheiratet) und die Aufenthalts- bzw. Niederlassungsbewilligung (bei Ausländern) der verstorbenen Person mit. Wenn der Todesfall in einem Alters- und Pflegeheim oder in einem Spital eingetreten ist, übernehmen die Mitarbeitenden die Meldung. Wenn Sie bei einem Tod zu Hause unsicher sind, was zu tun ist, fragen Sie den Arzt, der die Todesbescheinigung ausstellt, oder wenden Sie sich telefonisch ans Zivilstandsamt. Beachten Sie, dass es in vielen Gemeinden Checklisten gibt, die angeben, was im Todesfall zu tun ist. Ausserhalb der regulären Öffnungszeiten (z.B. am Wochenende, über Festtage) bieten viele Ämter einen telefonischen Pikettdienst an.
Für die Organisation der Beerdigung wenden Sie sich bitte an das zuständige Pfarramt oder einen Vertreter der Religionsgemeinschaft der verstorbenen Person.
Im Anschluss an die Beerdigung gibt es einige administrative Arbeiten zu erledigen (siehe gegebenenfalls Checkliste des Zivilstandsamtes). Beispielsweise müssen Sie die AHV-Stelle, die Pensionskasse sowie die Versicherungen und Geldinstitute benachrichtigen und die Frage des Nachlasses klären. Sie sollten laufende Verträge wie Miet- oder Kreditkartenverträge, Abonnements oder Mitgliedschaften überprüfen und gegebenenfalls kündigen. Bitte fragen Sie um Unterstützung durch eine Vertrauensperson. Ein privates Bestattungsunternehmen kann viele dieser administrativen Arbeiten für Sie erledigen, wenn Sie dies wünschen. Je nach Region hilft Ihnen ein Teilungsamt bei den erbrechtlichen Fragen.

7.9 Die Zeit der Trauer

Trauer ist mit einer Vielzahl von Gefühlen verbunden (Ärger, Leere, Schuld, Scham, Erleichterung etc.). Daneben lassen sich häufig körperliche Reaktionen wie Zittern, Schütteln, Herzklopfen, ein Gefühl der Hitze oder des Frierens, Schlaf- und Konzentrationsstörungen oder Veränderungen des Appetits beobachten. Eventuell fallen Ihnen Dinge aus den Händen und Sie fühlen sich benommen, hören Geräusche und haben Angst, die Kontrolle über sich zu verlieren und Sie träumen sehr lebhaft. Aber es ist ebenso möglich, dass Sie keines der beschriebenen Symptome bei sich bemerken und sich ruhig fühlen. Eine Angehörige schreibt:

> *«Als ich mich um Jack gekümmert habe, habe ich immer zu ihm gesagt: ‹Ich trage den einfacheren Teil›. Jetzt, wo er gestorben ist, weiss ich, dass er den einfacheren Teil hatte.»*

Bitte beobachten Sie sich und allenfalls eintretende Veränderungen. Die beschriebenen Reaktionen sind jedoch Teil eines normalen Trauerprozesses und nicht Ausdruck einer Erkrankung.
Die Zeit zwischen dem Tod und der Beerdigung kann eine sehr hektische Zeit sein. Auch während der Beerdigung müssen Sie mit allen Arten von Gefühlen rechnen: Ungläubigkeit, Erleichterung, Freude, Trauer, einem Gefühl des Überfordertseins. Sie können auch körperliche Beschwerden haben: Kopfschmerzen, Übelkeit oder Müdigkeit. Wenn Sie sich mit der Organisation der Beerdigung überfordert fühlen, bitten Sie einen Freund oder Verwandten, Ihnen zu helfen.
Die Zeit nach der Beerdigung kommt vielen Trauernden fremd und merkwürdig vor. Sie haben den Eindruck, «in einer anderen Welt» zu leben. Manche fühlen sich leer und unsicher, was sie mit sich und ihrem weiteren Leben anfangen sollen. Auch dies sind normale Reaktionen und Teil des Trauerprozesses. Trauer hält sich an kein Schema und keine Zeitvorgaben.

Trauer braucht Zeit. Sie werden sich langsam an die neue Situation gewöhnen. Die Zeit der intensiven Pflege und Betreuung des Ihnen nahestehenden, schwer kranken Menschen ist zu Ende. Dies kann auch ein Gefühl der Leere hinterlassen. Vielleicht tut es Ihnen gut, wieder alte Kontakte zu Freunden und Bekannten aufzunehmen.

Bitte erinnern Sie sich immer wieder: Trauer braucht Zeit. Ignorieren Sie Kommentare seitens Ihres Umfeldes wie: «Er sollte nicht so traurig sein, es ist jetzt schon drei Monate her». Und hören Sie auch nicht auf gutgemeinte Ratschläge Ihrer Familie oder Freunde, die Ihnen vorschreiben möchten, wie Sie sich jetzt zu fühlen haben: «Du musst so froh sein, dass jetzt alles vorbei ist!». Vielleicht fühlen Sie sich tatsächlich entlastet von der anstrengenden Pflege- und Betreuungsarbeit. Auf der anderen Seite wünschen Sie sich eventuell tagtäglich, dass die verstorbene Person noch am Leben wäre, wenn auch nur für ein paar Stunden oder Tage.

Auch andere gutgemeinte Ratschläge sind oft eher Ausdruck der Hilflosigkeit des Umfelds als wirkliche Hilfen: «Du musst mal Urlaub machen oder einen Hund kaufen oder in ein kleineres Haus ziehen». Vielleicht tut es Ihnen wirklich gut, für ein paar Tage zu verreisen. Spüren Sie in sich hinein und fragen Sie sich, was Ihnen guttut, denn niemand weiss dies besser als Sie. Und niemand kann wirklich nachvollziehen, wie es Ihnen derzeit geht. Sätze wie «Ich weiss genau, wie du dich jetzt fühlst!» drücken wohl eher Hilfslosigkeit aus als Verständnis. Denken Sie daran: Ihre Gefühle sind Ihre Gefühle und die sind weder richtig noch falsch, sie sind einfach da. Manchmal ändern sie sich von Stunde zu Stunde, manchmal sind sie sehr intensiv, manchmal eher im Hintergrund.

Wenn Sie allerdings der Meinung sind, dass Ihre Trauer Ihren gesamten Alltag längere Zeit blockiert oder belastend beeinflusst, dann wenden Sie sich an Ihren Arzt oder eine psychologische Beratungsstelle. Einige Krankenhäuser, Pfarreien oder Kirchgemeinden bieten sogenannte Trauer-Cafés an, monatliche Treffen, wo Sie ohne Anmeldung hingehen und mit Betroffenen oder einer Fachperson über Ihr Trauererleben sprechen können.

7.10 Die wichtigsten Punkte aus Kapitel 7

- Über den Tod und das Sterben zu sprechen, kann sehr schwer sein.
- Wann der Tod genau eintritt, lässt sich nicht exakt vorhersagen. Aber es gibt einige Anzeichen dafür, dass der Tod in wenigen Tagen (oder Wochen) eintritt.
- Es sollte geklärt sein, wo die schwer kranke Person sterben möchte. Idealerweise klären Sie diese Frage nicht im allerletzten Moment.
- Es gibt viele Möglichkeiten, die belastenden Symptome des sterbenden Menschen zu reduzieren.
- Wenn die betreute Person gestorben ist, rufen Sie ihren Hausarzt bzw. ihre Hausärztin an. Er/sie wird Sie zu Hause besuchen oder Sie zumindest am Telefon beraten.
- Die unmittelbare Zeit nach dem Tod kann sehr anstrengend sein. Sie werden wahrscheinlich eine Fülle unterschiedlichster Gefühle erleben.
- Die Trauer unterscheidet sich in ihrer Intensität von Person zu Person. Gefühlslagen können sich sehr rasch verändern.
- Einige Leute profitieren von einer professionellen Trauerberatung, insbesondere dann, wenn ihnen die Trauer jeglichen Boden unter den Füssen wegzieht.

8 Wichtige Adressen

Im Buchrücken finden Sie einen Falzprospekt mit wichtigen Adressen Ihrer Region.

Schlussgedanken

Die Begleitung und Pflege eines Ihnen nahestehenden, schwer kranken Menschen ist herausfordernd. Oft stellen sich Ihnen viele Fragen, auf die Sie nicht immer klare und einfache Antworten erhalten werden. Eventuell werden Sie im Nachhinein wünschen, Sie hätten dies oder jenes anders gemacht. Aber: Niemand ist perfekt. Sie haben sich bemüht, Ihr Bestes zu geben, und dürfen damit zufrieden sein. Und denken Sie auch immer wieder an die schönen Seiten dieser gemeinsamen Zeit zurück. Ein Angehöriger hat dies folgendermassen ausgedrückt:

> *«Mich um meine Frau zu kümmern war die anspruchsvollste und lohnendste Erfahrung meines Lebens. Ich fühlte mich privilegiert, dass ich ihr helfen und sie in ihrer Krankheit unterstützen konnte, bis sie starb. Mein Leben wird nie mehr dasselbe sein, aber ich habe so viel über mich selbst, meine Frau und das Leben im Allgemeinen gelernt.»*

Egal, welche Stolpersteine und Herausforderungen Ihnen während der Zeit der Betreuung und Pflege begegnen werden, eines ist sicher: Sie werden viel über sich selbst lernen und erfahren. Und diese Erfahrung wird Sie und Ihr weiteres Leben prägen, beispielsweise wie Sie mit zukünftigen Problemen und Schwierigkeiten umgehen werden. Und zum Schluss: Bitte denken Sie daran: In Ihrer Begleitung sind Sie nicht allein. Es gibt Menschen, die Ihnen mit Rat und Tat zur Seite stehen werden. Im Buchrücken finden Sie wichtige Adressen, an die Sie sich wenden können.

Verwendete und weiterführende Literatur

Wichtigste und erste Quelle

Hudson Peter & Hudson Rosalie (2012). *Supporting a Person Who Needs Palliative Care. A Guide for Family and Friends.* East Melbourne: Palliative Care Victoria Inc.

Literatur für (pflegende) Angehörige

Al-Khadra Saba & Eichner Eckhard (2014). *Medikamententipps. Informationen für Patienten und Angehörige zu Palliativsymptomen und deren Behandlung.* Fulda: Deutscher Palliativverlag.

Borasio Gian Domenico (2012). *Über das Sterben: Was wir wissen. Was wir tun können. Wie wir uns darauf einstellen.* München: C.H. Beck Verlag.

Dachverband Hospiz Österreich (2014). *Begleiten bis zuletzt. Ratgeber für Angehörige von schwer kranken Menschen.* Wien: Dachverband Hospiz Österreich.

Krebsliga Schweiz (Hrsg.) (2012). *Krebs trifft auch die Nächsten. Ein Ratgeber der Krebsliga für Angehörige und Freunde.* Bern.

Pflegende Angehörige Freiburg. *Informationen und Tipps für pflegende Angehörige im Kanton Freiburg.* www.pa-f.ch

Pro Infirmis Schweiz (2015). *Checkliste für den Todesfall. Hinweise und Ratschläge für die Hinterbliebenen.* Zürich

Careum Verlag, Schweizerisches Rotes Kreuz & Pro Senectute (Hrsg.) (2016). *Pflegend begleiten. Ein Ratgeber für Angehörige und Freunde pflegebedürftiger Menschen.* Zürich: Careum Verlag.

Sitte Thomas (Hg.) (2013). *Die Pflegetipps – Palliative Care.* 13. Auflage. Fulda: Deutscher Palliativverlag.

Sitte Thomas (2015). *Vorsorge und Begleitung für das Lebensende.* Heidelberg: Springer-Verlag

Specht-Tomann Monika (2009). *Ich bleibe bei dir bis zuletzt. Hilfestellung für pflegende Angehörige.* Freiburg: Kreuz Verlag.

Ugolini Bettina (2011). *Wegweiser Alter. Kurz und bündig.* Zürich: Limmat-Verlag.

Trauerliteratur

Büche Daniel/Bucher Marlis Fabienne/Rey-Burg Elke/Graf Irma/Mettler Mona & Mika, Ursula (2013). *Wenn ein geliebter Mensch stirbt.* St.Gallen: Kantonsspital St.Gallen.

Neysters Peter & Schmitt Karl Heinz (2004). *Denn sie werden getröstet werden. Das Hausbuch zu Leid und Trauer, Sterben und Tod.* München: Kösel-Verlag.

Fachbücher

Bergsträsser Eva (2014). *Palliative Care bei Kindern. Schwer kranke Kinder begleiten, Abschied nehmen, weiterleben lernen.* Bern: Huber-Verlag.

Heller Birgit & Heller Andreas (2014). *Spiritualität und Spiritual Care. Orientierungen und Impulse.* Bern: Huber-Verlag.

Kränzle Susanne/Schmid Ulrike & Seeger Christa (Hrsg.) (2014). *Palliative Care Handbuch für Pflege und Begleitung* (5., aktualisierte u. erw. Aufl. ed.). Berlin: Springer.

Müller Monika/Brathuhn Sylvia & Schnegg Matthias (2013). *Handbuch Trauerbegegnung und -begleitung. Theorie und Praxis in Hospizarbeit und Palliative Care.* Göttingen: Vandenhoeck & Ruprecht.

Schärer-Santschi Erika/Steffen-Bürgi Barbara/Staudacher Diana/ Knipping Cornelia & Monteverde Settimo (Hrsg.) (2016). *Lehrbuch Palliative Care.* Bern: Huber-Verlag.

Diverse Broschüren des Bundesamtes für Gesundheit (BAG) im Themenfeld Palliative Care: www.bag.admin.ch/palliativecare sowie Informationen von www.ch.ch und palliative-so.ch.

Patientenverfügung, Vorsorgeauftrag, Testament

Exemplarisch sei an dieser Stelle auf die Vorsorge-Mappe «Im Alter das Richtige tun» von Caritas Schweiz hingewiesen. Sie kann im Caritas-Onlineshop unter *shop.caritas.ch* bezogen werden.

In eigener Sache

Die ökumenische Fachstelle Begleitung in der letzten Lebensphase (kurz BILL) – ein Angebot der katholischen und evangelisch-reformierten Kirche in der Ostschweiz

Ökumenische Fachstelle
Begleitung in der letzten Lebensphase

Die Begleitung von Menschen am Lebensende erfordert ein hohes Mass an Einfühlungsvermögen und ist anspruchsvoll. Die Fachstelle BILL bietet Interessierten und Freiwilligen sowie Angehörigen Bildungsangebote zur Begleitung am Lebensende an.

Ökumenische Fachstelle BILL
Webergasse 9 • CH-9000 St.Gallen
+41 (0)71 222 13 57 info@bill-sg.ch www.bill-sg.ch

Die Fachstelle wird getragen vom Katholischen Konfessionsteil des Kantons St.Gallen, vom Bistum St.Gallen und von der evangelisch-reformierten Kirche St.Gallen.

sg.kath.ch
katholischer konfessionsteil des kantons st.gallen

bistum st.gallen

Evangelisch-reformierte Kirche des Kantons St.Gallen

Dank

Grundlage dieses Buches ist der Ratgeber «Supporting a Person Who Needs Palliative Care. A Guide for Family and Friends» der australischen Pflegewissenschaftler Dr. Peter Hudson und Dr. Rosalie Hudson. Sie bieten seit Jahren Unterstützungsprogramme für pflegende Angehörige an und haben die englische Vorlage des vorliegenden Buches erarbeitet. Dieses wurde übersetzt und an die Situation in der Schweiz angepasst. Wir danken an dieser Stelle Peter Hudson herzlich für seine Erlaubnis, den Ratgeber auf Deutsch herauszugeben.

Viele Menschen in der Schweiz und im Fürstentum Liechtenstein haben das Manuskript des Ratgebers gegengelesen und kommentiert. Ihnen allen, aber auch allen, die nicht namentlich erwähnt werden wollten, gilt ein grosses Dankeschön für ihr Engagement:

Pfrn. Renata Aebi, Beauftragte für Seelsorge in Palliative Care der evang.-ref. Kirche St.Gallen, Sargans • Prof. Dr. Regina Aebi-Müller, Rechtswissenschaftliche Fakultät, Universität Luzern • Lic. theol. Susanne Altoè, Zürich • Lic. phil. Valeska Beutel, Fachstelle Begleitung in der letzten Lebensphase, Caritas Zürich • Silvia Blatter, Gossau • Ursula Brülisauer, Gossau • Dr. med. Daniel Büche MSc, Palliativzentrum KSSG, St.Gallen • Dr. med. Friedrich von Bültzingslöwen, Planken • Adriana Fässler, Rorschach • Lic. sci. rel. BLaw Roger Husistein, Luzern • Berti Knellwolf, Flawil • Lic. phil. Johanna Krapf, Jona • Katharina Linsi, Geschäftsstelle palliative ostschweiz, St.Gallen • Astrid Mannhart-Hofer, Grabs • Prof. em. Dr. theol. Dr. phil. Christoph Morgenthaler, Muri bei Bern • M.A. Pascal Moser, Mühlethurnen • Lic. phil. Flurina Näf, Bundesamt für Gesundheit BAG, Bern • aktive Begleiterinnen der Hospizgruppe Sarganserland • Agatha Sonderegger, Rheineck • Silvia Spycher, Niederuzwil • Elmar Tomasi, Spitalseelsorge KSSG, St.Gallen • Lic. phil. Lea von Wartburg, Bundesamt für Gesundheit BAG, Bern • Ursula Wegmann, Oberschan.

Diese Publikation wurde grosszügig finanziell unterstützt durch:

Gesundheitsförderung Schweiz

Schliesslich danken wir dem Kooperationspartner des Projektes, dem Palliativzentrum des Kantonsspitals St.Gallen, Schweiz.

- *Lungenliga Thurgau:* Bahnhofstrasse 15, 8570 Weinfelden
  ✆ 071 626 98 98, ✉ info@lungenliga-tg.ch, 💻 www.lungenliga-tg.ch
- *Pro Senectute Thurgau:* Zentrumspassage, Rathausstr. 17
  8570 Weinfelden, ✆ 071 626 10 80, ✉ info@tg.pro-senectute.ch
  💻 www.tg.pro-senectute.ch

Beratung bei kranken Kindern und Jugendlichen

- *Kinderspitex Ostschweiz:* Geschäftsstelle, Bahnhofstrasse 17-19, 9326 Horn
  ✆ 071 447 28 28, ✉ info@kispitex.ch, 💻 www.kinderspitex-ostschweiz.ch
- *pro pallium:* Geschäftsstelle, Leberngasse 19, 4600 Olten
  ✆ 062 212 21 37, ✉ info@pro-pallium.ch, 💻 www.pro-pallium.ch

Beratungsstellen bei Beschwerden

- *Patientenstelle Ostschweiz:* Zürcherstrasse 138, 8500 Frauenfeld
  ✆ Hotline: 0900 104 123 (SFr. 2.20/Min.)
  ✉ info@patientenstelle-ostschweiz.ch, 💻 www.patientenstelle-ostschweiz.ch
- *Unabhängige Beschwerdestelle für das Alter (UBA):* Malzstrasse 10
  8045 Zürich, ✆ 058 450 60 60, ✉ info@uba.ch, 💻 www.uba.ch
- *SPO Patientenschutz;* Region Ostschweiz, Rosenbergstr. 72, 9000 St.Gallen
  ✆ 071 278 42 40, ✉ sg@spo.ch, 💻 www.spo.ch

Bildungsangebote für pflegende Angehörige und Interessierte/ Freiwillige

- *Ökum. Fachstelle Begleitung in der letzten Lebensphase (BILL):*
  Webergasse 9, 9000 St.Gallen, ✆ 071 222 13 57, ✉ info@bill-sg.ch
  💻 www.bill-sg.ch
- *SRK Kanton St.Gallen;* Marktplatz 24, 9004 St.Gallen
  ✆ 071 227 99 66, ✉ info@srk-sg.ch, 💻 www.srk-sg.ch

Stationäre Hospize (Auswahl)

- *Hospiz im Werdenberg;* Marhaldenstrasse 3, 9472 Grabs, ✆ 081 772 24 24
  ✉ info@pflegeheim-werdenberg.ch, 💻 www.pflegeheim-werdenberg.com
- *Hospiz St.Gallen (im Aufbau):* 💻 www.hospizstgallen.ch

Koordination aller Anbieter im Bereich Palliative Care in der Ostschweiz

- *palliative ostschweiz:* Flurhofstrasse 7, 9000 St.Gallen, ✆ 071 245 80 80
  ✉ info@palliative-ostschweiz.ch, 💻 www.palliative-ostschweiz.ch

Wichtige Adressen für (pflegende) Angehörige der Region Ostschweiz
(Kantone AI, AR, GL, SG, TG sowie Fürstentum Lichtenstein FL)

Persönliche wichtige Adressen

In der folgenden Liste können Sie die wichtigsten Kontakte von Ihnen und dem Patienten/der Patientin eintragen:

	Name	Telefonnummer
Hausarzt/Hausärztin	....	....
Spitalärztin/Spitalarzt	....	....
Pflegedienst	....	....
Seelsorge	....	....
Freiwilligendienst	....	....
Weitere wichtige Person	....	....
Weitere wichtige Person	....	....

Palliative-Hotline Ostschweiz 24h:	✆ **071 494 29 00**
Alzheimer Telefon:	✆ **024 426 06 06**
Krebstelefon:	✆ **0800 11 88 11**
Nationale Spitexnummer:	✆ **0842 80 40 20**

Akutspitäler

AI

- *Spital Appenzell:* Sonnhalde, 2a/c, 9050 Appenzell
  ✆ 071 788 75 75, ✉ spital@sp.ai.ch, 💻 www.spital.ai.ch

AR

- *Spital Heiden:* Werdstrasse 1 A, 9410 Heiden
  ✆ 071 898 61 11, ✉ spitalheiden@svar.ch, 💻 www.spitalverbund.ch
- *Spital Herisau:* Spitalstrasse 6, 9100 Herisau
  ✆ 071 353 21 11, ✉ spitalherisau@svar.ch, 💻 www.spitalverbund.ch

GL

- *Kantonsspital Glarus:* Burgstrasse 99, 8750 Glarus
  ✆ 055 646 33 33, ✉ info@ksgl.ch, 💻 www.ksgl.ch

FL

- *Krebshilfe Liechtenstein:* Im Malarsch, FL-9494 Schaan
  ✆ 00423 233 18 45, ✉ admin@krebshilfe.li, 💻 www.krebshilfe.li
- *Palliativ-Netz Liechtenstein:* Forellenweg 10, FL-9490 Vaduz
  ✆ 079 277 77 79, ✉ info@palliativ-netz.li, 💻 www.palliativ-netz.li

GL

- *Schweizerische Alzheimervereinigung Glarnerland:*
  ✆ 055 640 36 13, ✉ glarnerland@alz.ch, 💻 www.alz.ch
- *Krebsliga Ostschweiz,* Beratungsstelle Glarus: ✆ 055 646 32 47
  ✉ info@krebsliga-ostschweiz.ch, 💻 www.krebsliga-ostschweiz.ch
- *Lungenliga Glarus:* Molliserstrasse 41, 8754 Netstal
  ✆ 055 640 50 15, ✉ lungenligaglarus@bluewin.ch, 💻 www.lungenliga.ch
- *Pro Senectute Glarus:* Gerichtshausstrasse 10, 8750 Glarus
  ✆ 055 645 60 20, ✉ info@gl.pro-senectute.ch, 💻 www.gl.pro-senectute.ch

SG

- *Schweizerische Alzheimervereinigung SG/AR/AI:*
  Klusstrasse 20, 9000 St.Gallen, ✆ 071 223 10 46
  ✉ geschaeftsstelle-sg-app@alz.ch, 💻 www.alz.ch
- *Krebsliga Ostschweiz:* Flurhofstrasse 7, 9000 St.Gallen, ✆ 071 242 70 00
  ✉ info@krebsliga-ostschweiz.ch, 💻 www.krebsliga-ostschweiz.ch
- *Lungenliga St.Gallen:* Kolumbanstrasse 2, 9008 St.Gallen
  ✆ 071 228 47 47, ✉ info@lungenliga-sg.ch, 💻 www.lungenliga-sg.ch
- *RaJoVita Stiftung für Gesundheit und Alter,* Drehscheibe:
  Bollwiesstrasse 4, 8645 Jona, ✆ 055 222 01 11
  ✉ drehscheibe@rajovita.ch, 💻 www.rajovita.ch
- *Pro Senectute Kanton St.Gallen:* Davidstrasse 16, 9001 St.Gallen
  ✆ 071 227 60 06, ✉ info@sg.pro-senectute.ch
  💻 www.sg.pro-senectute.ch
- *SRK Kanton St.Gallen, Infostelle Drehkreuz:* Marktplatz 24, 9004 St.Gallen
  ✆ 071 227 99 66, ✉ info@srk-sg.ch, 💻 www.srk-sg.ch
  💻 www.pflege-entlastung.ch

TG

- *Schweizerische Alzheimervereinigung Thurgau:* Am Stadtbach 3a
  8500 Frauenfeld, ✆ 052 721 32 54, ✉ info.tg@alz.ch, 💻 www.alz.ch
- *Thurgauische Krebsliga:* Bahnhofstrasse 5, 8570 Weinfelden
  ✆ 071 626 70 00, ✉ info@tgkl.ch, 💻 www.tgkl.ch

SG

- *Spital Altstätten:* F.-Marolani-Strasse 6, 9450 Altstätten
  ✆ 071 757 44 11, ✉ info.spitalaltstaetten@srrws.ch, 🖳 www.srrws.ch
- *Spital Flawil:* Krankenhausstrasse 23, 9230 Flawil
  ✆ 071 394 71 11, ✉ flawil.aufnahme@kssg.ch, 🖳 www.fw.kssg.ch
- *Spital Grabs:* Spitalstrasse 44,9472 Grabs
  ✆ 081 772 51 11, ✉ info.spitalgrabs@srrws.ch, 🖳 www.srrws.ch
- *Spital Linth:* Gasterstrasse 25, 8730 Uznach
  ✆ 055 285 41 11, ✉ kontakt@spital-linth.ch, 🖳 www.spital-linth.ch
- *Spital Rorschach:* Heidenerstrasse 11, 9400 Rorschach
  ✆ 071 858 31 11, ✉ Spital.Rorschach@kssg.ch, 🖳 www.ro.kssg.ch
- *Kantonsspital St.Gallen:* Rorschacherstrasse 95, 9007 St.Gallen
  ✆ (Zentrale) 071 494 11 11, ✆ (Palliativzentrum) 071 494 35 50
  ✉ kontakt@kssg.ch, 🖳 www.kssg.ch
- *Spitalregion Fürstenland Toggenburg:* Fürstenlandstrasse 32, 9500 Wil
  ✆ 071 914 61 11, ✉ info@srft.ch, 🖳 www.srft.ch
- *Spital Walenstadt:* Spitalstrasse 5, 8880 Walenstadt
  ✆ 081 736 11 11, ✉ info.walenstadt@srrws.ch, 🖳 www.srrws.ch
- *Spital Wattwil:* Steig, 9630 Wattwil
  ✆ 071 987 31 11, ✉ info@srft.ch, 🖳 www.srft.ch

FL

- *Liechtensteinisches Landesspital:* Heiligkreuz 25, FL-9490 Vaduz
  ✆ 00423 235 44 11, ✉ info@landesspital.li, 🖳 www.landesspital.li

TG

- *Kantonsspital Frauenfeld:* Pfaffenholzstrasse 4, 8501 Frauenfeld
  ✆ 052 723 77 11, ✉ info.ksf@stgag.ch, 🖳 www.stgag.ch
- *Kantonsspital Münsterlingen:* Spitalcampus 1, 8596 Münsterlingen
  ✆ 071 686 11 11, ✉ info.ksm@stgag.ch, 🖳 www.stgag.ch

Pflegedienste (Kantonale Spitex-Koordinationsstellen)

AI, AR, SG

- *Spitex Verband SG|AR|AI:* Engelgasse 2, 9000 St.Gallen
  ✆ 071 222 87 54, ✉ info@spitex.sg, 🖳 www.spitex.sg

GL

- *Spitex-Kantonalverband:* Geschäfts-und Beratungsstelle, Schweizerhofstrasse, 8750 Glarus
  ✆ 055 640 85 51, ✉ sekretariat@spitexgl.ch, 🖳 www.spitexgl.ch

TG

- *Spitex Verband Thurgau:* Freiestrasse 6, 8570 Weinfelden
  ✆ 071 622 81 31, ✉ info@spitextg.ch, 💻 www.spitextg.ch

Palliativer Pflegedienst

- *Palliativer Brückendienst der Krebsliga Ostschweiz:* Flurhofstrasse 7
  9000 St.Gallen, ✆ 071 242 70 26, ✉ palliativer.brueckendienst@sg.ch
  💻 www.krebsliga-ostschweiz.ch

Seelsorge

- Bei der Betreuung zu Hause: Wenden Sie sich bitte bei religiös-spirituellen Anliegen und Fragen an die Seelsorgenden der Pfarrei bzw. evang.-ref. Kirchgemeinde vor Ort.
- Beim Aufenthalt in einer Institution: Hier können Sie sich an die Heim-, Klinik- oder Spitalseelsorgenden der jeweiligen Institution wenden.

Freiwillige Hospiz- und Entlastungsdienste

AI

- *Hospiz-Dienst Appenzell:* ✆ 078 694 22 20, ✉ info@hospiz-appenzell.ch
  💻 www.hospiz-appenzell.ch
- *Entlastungsdienst der Pro Senectute:* ✆ 071 788 10 21

AR

- *Entlastungs- und Hospizdienst Speicher-Trogen-Wald:*
  ✆ 079 942 64 39, ✉ hospiz-speicher-trogen-wald@gmx.ch
  💻 www.hospiz-speicher-trogen-wald.ch
- *Hospizgruppe AR Vorderland:* ✆ 078 850 94 10

FL

- *Hospizbewegung Liechtenstein:* Haus St. Laurentius, Postfach 360
  FL-9494 Schaan, ✆ 00423 233 41 38 / 00423 777 2001
  ✉ info@hospizbewegung.li, 💻 www.hospizbewegung.li

GL

- *Krankenbegleitung Glarus:* ✆ 079 412 95 65
- *Krankenbegleitgruppe Glarner Hinterland:* ✆ 079 484 15 01
- *Krankenbegleitung Glarus Nord:* ✆ 079 392 64 76
- *Krankenbegleitgruppe Schwanden und Umgebung:* ✆ 079 919 62 65
- *Krankenbegleitgruppe Sernftal:* ✆ 055 642 10 79

SG

- *Hospizgruppe Flawil:* ✆ 071 393 73 02
- *Hospizgruppe Goldach:* ✆ 071 841 78 55 / 078 800 58 68
- *Palliativnetzwerk Linth:* ✆ 077 423 66 58
  ✉ palliativnetzwerk-linth@gmx.ch, 💻 www.palliativnetzwerk-linth.ch
- *Hospiz-Dienst Rheintal:* ✆ 071 755 09 09, ✉ hospiz-rheintal@srk-sg.ch
  💻 www.hospiz-sg.ch
- *Hospizgruppe Rorschach/Rorschacherberg:* ✆ 079 825 53 11
- *Hospizgruppe Sarganserland:* ✆ 079 711 44 00
  ✉ info@hospiz-sarganserland.ch, 💻 www.hospiz-sarganserland.ch
- *Hospiz-Dienst St.Gallen:*
  ✆ 071 222 78 50, ✉ hospiz@srk-sg.ch, 💻 www.hospiz-sg.ch
- *Hospizgruppe Toggenburg-Neckertal:*
  ✆ 079 598 64 95, ✉ info@hospiz-toggenburg-neckertal.ch
  💻 www.hospiz-toggenburg-neckertal.ch
- *Hospizgruppe Werdenberg:*
  ✆ 079 627 53 13, ✉ hospizgruppe.werdenberg@diakonieverein.ch
  💻 www.diakonieverein.ch
- *Ökumenische Krankenbesuchs- und Hospizgruppe Wil:* ✆ 071 925 39 13

TG

- *Verein Hospizdienst Thurgau:* ✆ 071 940 07 90
  ✉ info@hospizdienst-thurgau.ch, 💻 www.hospizdienst-thurgau.ch

Beratungsangebote (inkl. Adressen Gesundheitsligen)

AI

- *Schweizerische Alzheimervereinigung:* siehe unter SG.
- *Krebsliga Ostschweiz:* siehe unter SG.
- *Lungenliga Appenzell Innerrhoden:* Hoferbad 2, 9050 Appenzell
  ✆ 071 788 94 52, 💻 www.lungenliga.ch
- *Pro Senectute Appenzell Innerrhoden:* Marktgasse 10 c, 9050 Appenzell
  ✆ 071 788 10 21, ✉ info@ai.pro-senectute.ch, 💻 www.ai.pro-senectute.ch

AR

- *Schweizerische Alzheimervereinigung:* siehe unter SG.
- *Krebsliga Ostschweiz:* siehe unter SG.
- *Lungenliga Appenzell Ausserrhoden:* siehe unter SG
- *Pro Senectute AR:* Gossauerstrasse 2, 9100 Herisau, ✆ 071 353 50 30
  ✉ info@ar.pro-senectute.ch, 💻 www.ar.pro-senectute.ch